Jag, Yeshua.
Väckaren.

Lars Gimstedt   ©PsykosyntesForum.se 2014

© **PsykosyntesForum, 2014**

Ingen del av denna bok får återges i någon form, utom för citering av korta avsnitt i kritik eller recensioner, utan tydligt medgivande från utgivaren: mail@psykosyntesforum.se.

Revisionsdatum: 26 juli 2014.

ISBN
978-91-981941-5-9   (EPUB-version)
978-91-981941-6-6   (LIT   -version)
978-91-981941-7-3   (MOBI-version)
978-91-981941-8-0   (PDF -version)
978-91-981941-9-7   (Paperback)

MOBI-versionen (Kindle) är tillgänglig på Amazon.com och Amazons andra internet-siter. De andra versionerna, inklusive de engelska, finns att köpa på http://psykosyntesforum.se/Svensk/Yeshua.htm

Typsnitt Bookman Old 12. Sidstorlek 6x9" (15,24 x 22,86 cm). Marginaler: hor 2,0 / vert 2,5.

Om författaren:

Lars Gimstedt arbetar som psykosyntes-terapeut i Linköping. Hans grundutbildning var kvantfysik, och han har arbetat som ingenjör och chef inom industrin under 30 år.

I mitten av sitt liv började han att studera psykosyntes, kognitiv beteendeterapi och NLP, och arbetade deltid som psykoterapeut under tio år, tills han började arbeta heltid i sitt företag PsykosyntesForum.se 2003 med livs- och ledarskapscoaching, psykoterapi och med e-kurser och e-böcker över internet.

Tidigare böcker Lars Gimstedt:

Stairway: 10 steg till himlen. (Mars 2014)

Om den här boken:

Vem är Jesus? Är han den som beskrivs av Paulus och evangelisterna i Bibeln? Eller kan en klarare bild av den riktiga personen Jesus träda fram om man begränsar sig till att läsa bara det som historien pekar på som sannolika direktcitat?

Om Jesus, eller Yeshua som hans namn var på hans modersmål arameiska, skulle ha skrivit sitt evangelium själv, hur skulle den boken ha varit?

Den här boken utgör ett förslag på hur hans eget evangelium *kunde* ha sett ut. Boken baseras på det som modern historieforskning berättar om hans tid, och baseras också på de delar av religiösa böcker som går att bekräfta historiskt.

Eftersom historiska data, trots nya rön, fortfarande är mycket knapphändiga, är boken förstås mest skönlitterär, och det faller på dig, läsaren av boken, att avgöra vad i den du är villig att acceptera och vad du känner att du måste avfärda.

I bäggedera fallen, kan den här boken förhoppningsvist få dig att söka efter mer information om den verklige Yeshua bar Yosef från Nasaret, den fattige timmerarbetaren från en liten avskild by i en avlägsen del av det romerska imperiet som med sina ord och gärningar har påverkat mänskligheten under två årtusenden.

"Lars Gimstedt har publicerat en intressant bok om Jesus, eller Yeshua. Boken är skriven som en självbiografi av Yeshua, och täcker hela hans livstid från barndom fram till det allra sista mötet med lärjungarna efter återuppståndelsen.

Författaren har gjort ett imponerande bakgrundsarbete med avseende på arameiska och hebreiska namn, som används genomgående i boken. Detta gjorde det lättare för mig att läsa boken som en oberoende berättelse, utan att behöva koppla ihop den med bibeln hela tiden.

Det är en lättläst bok, kapitlen är relativt korta, de hänger samman och är koncisa. De som studerar En Kurs i Mirakler kommer att upptäcka många referenser, speciellt dess huvudsakliga fokus, att vi är alla ett med vår Skapare.

Det är uppfriskande att läsa en mer vardaglig beskrivning av Yeshuas liv som människa. Att hans liv inte var så annorlunda mot våra i många avseenden, så lätt att glömma. Att vi alla är på samma 'resa', återresan mot Himlen och Enhet. Han bara 'kom fram' före oss andra.

I författarens förord i början gör han klart att berättelsen är fiktiv, men baserad på tillgängligt material i bibeln och också i En Kurs i Mirakler. Icke desto mindre stimulerar den min egen syn på och min egen förståelse av människan Jesus, som på många sätt har kommit att betraktas som så speciell att vi 'ordinära' människor aldrig skulle kunna uppnå en sådan utvecklad andlig nivå som han gjorde.

Jag kan rekommendera boken som värdefull läsning för alla de som arbetar med, eller är intresserade av livets andliga sida. Med sina många nya tolkningar kan den leda till en bättre förståelse av vad detta handlar om, för de som vågar tänka 'utanför boxen'.

Stjärnsund, 1 juli 2014
Albert Harloff "

(EKIM-översättare till norska, författare till Ske Din Vilja, ordf. Nätverket EKIM.)

Innehållsförteckning

Förord		9
Kapitel 1.	25 December År 758 AUC. Drömmen.	14
Kapitel 2.	17 Maius 763. Ängeln.	18
Kapitel 3.	19 September 764. Rabbin.	22
Kapitel 4.	15 Aprilis 766. Templet.	27
Kapitel 5.	1 October 767. Ohannes Nazariten.	38
Kapitel 6.	23 Martius 769. Essén.	48
Kapitel 7.	14 Sextilis 774. Shudran.	55
Kapitel 8.	1 Ianuarius 780. Fullständigt seende.	63
Kapitel 9.	27 December 27 783. Döparen.	72
Kapitel 10.	13 Ianuarius 784. Öknen.	79
Kapitel 11.	28 Februarius 784. Uppdraget begynner.	92
Kapitel 12.	14 Aprilis 784. Miryam Magdalena.	100

Kapitel 13. 30 December 784.
Bortstött. 109

Kapitel 14. 14 Quintilis 785.
Bergspredikan. 116

Kapitel 15. 5 Sextilis 785.
Sändebuden. 134

Kapitel 16. 15 Ianuarius 786.
Ohannes död.. 141

Kapitel 17. 18 Aprilis 786.
Att gå på vatten... 145

Kapitel 18. 20 Quintilis 786.
Förberedelse... 152

Kapitel 19. 21 Quintilus 786.
Transfigurationen.. 156

Kapitel 20. 10 Ianuarius 787.
El'azar. 163

Kapitel 21. 12 Aprilis 787.
Den Sista Måltiden. 169

Kapitel 22. 13 Aprilis 787.
Korsfästelsen. 179

Kapitel 23. 16 Aprilis 787.
Uppståndelsen. 189

Kapitel 24. 19 Aprilis 787.
Den Nya Början... 192

Förord

Jesus kom in i mitt liv när jag just hade fyllt fyrtio. Jag hade varit en icke-reflekterande ateist tills då, men Hans budskap, som det uttrycks i boken En Kurs i Mirakler, fick mig att beträda en ny väg, en väg mot andligt uppvaknande.

Min tolkning av Hans budskap till alla sina bröder och systrar är:

> Du är av Gud, ren ande, fri från synd, fulländad.
>
> Men du tror att du har fjärmat dig från Gud, för att skapa din egen värld. Djupt nere tror du att du genom att ha gjort detta har gjort Gud vred, du tror att du har syndat och att du förtjänar straff. Du tror att du kan undgå detta straff bara genom ånger och offer.
>
> Många av er har flytt från dessa tankar genom att förtränga dem helt från ert medvetande.
>
> Förlåt dig själv och förlåt dina bröder och systrar för era villfarelser. Sann förlåtelse kommer att låta er vakna till att minnas vem ni egentligen är, Guds Barn, ett med Honom, ett med mig, och ett med varandra.
>
> Att minnas kommer att få er att förstå att ånger och offer inte krävs av er. Att minnas kommer att ge er fullkomlig sinnesro, eftersom att

minnas att ni är Kärlek kommer att göra att ni kan inte ge ut annat än Kärlek.

Detta är det budskap Han har givit oss från början. Det har alltid varit detsamma, fast givet med olika ord, på olika språk, med hjälp av olika symboler, beroende på vem som lyssnat, beroende på kultur, beroende på tidsålder i vår historia.

Hans budskap har förståtts av många, som då har kommit ihåg vem de egentligen var. Men det har också missförståtts och omtolkats på sätt som har förstärkt villfarelserna. Detta har orsakat mycket onödigt lidande, men det är fortfarande bara ett slöseri med tid, eftersom allas slutliga uppvaknande till sitt gudomliga ursprung är oundvikligt.

För mig personligen ledde Hans budskap, som kom till mig tjugoåtta år sedan, till att jag bytte yrke från att vara fysiker och ingenjör till att bli psykoterapeut, och efter trettio år som teknisk specialist och chef inom industrin har jag nu arbetat deltid som terapeut under tio år och arbetat heltid under ytterligare tolv år.

Jag har strävat efter att tillämpa Hans budskap både i mitt liv och i mitt arbete som psykoterapeut och livscoach, som min värdegrund och också mer öppet,

via e-kurser och e-böcker om andlig utveckling.
(http://PsykosyntesForum.se)

I boken som du nu har i din hand, har jag inspirerats att skriva en skönlitterär berättelse om Hans liv. Jag inspirerades både av berättelsen *om* och av budskapen *från* personen Jesus, eller Yeshua som hans namn är på arameiska, det språk Han talade. Berättelsen som "Han" snart kommer att berätta i den här boken återspeglar *min* personliga tro på hur Hans liv kan ha varit, och *min* personliga tro vem Yeshua egentligen var, i kontrast till de "officiella" beskrivningar Bibeln och andra kristna skrifter ger.

Jag hoppas att du läser den här berättelsen med ett öppet sinne, och att du förlåter mig för de fel i historiska fakta jag säkert har gjort på grund av min brist på expertkunskap. Mycket i berättelsen kommer att verka fullständigt motsäga det som Bibeln och andra böcker berättar om Jesu liv. Men, de flesta avvikelserna finns där på grund av min övertygelse att de här berättelserna om Jesus bygger mer på religiösa behov av att kunna bevisa Hans gudomlighet genom att få dem att bekräfta gamla profetior, snarare än ärliga försök att beskriva vad som faktiskt hände.

Historiska data från Jesu tid är oerhört knapphändiga, och den dokumentation som finns att tillgå bygger mest på de individuella författarnas och historikernas spekulationer. Nedanför har jag angett några av de källor som jag har använt. Även dessa ger upphov till många motsägelser, och jag har gjort det jag tror är ett rimligt försök att vaska ut de data jag bedömt vara trovärdiga.

www.ccel.org/bible/phillips/CN160-TRAVELS.htm
www.generationword.com/bible_school_notes/13.html till 18.html.

Reza Aslan 2013, Zealot:
The Life and Times of Yeshua of Nazareth.

Jonas Gardell 2009: Om Jesus.

Datum har angivits som var brukligt vid den tiden, med hjälp av den romerska kalendern, Anno Urbis Conditae (**AUC**), som startade med grundandet av staden Rom, 753 FKr. Månadernas namn var Martius, Aprilis, Maius, Iunius, Quintilis, Sextilis, September, Oktober, November, December (="den tionde"). Senare, 40 AUC, lade man till Ianuarius, Februarius.

Namn har angivits som de användes då, på arameiska, latin eller gammal hebreiska, i stället för de försvenskade namn som används i bibelöversättningar. I bokstavsordning:

Elisabet	Elisheba	("Yahweh är överflöd")
Filip	Philippos	("Hästars vän")
Jakob	Hakob	("Må Yahweh beskydda")
Jesus	Yeshua	("Yahweh är frälsning")
Johannes	Ohannes	("Yahweh är nådig")
Josef	Yosef	("Han kommer ge")
Judas	Yehudah	("Hyllad")
Maria	Miryam	("Älskad")
Peter	Petros	("Sten")
Simon	Shimon	("Han har hört")
Tomas	Te'oma	("Tvillingen")
Zakarias	Zechariah	("Yahweh minns")

När Yeshua och hans samtida talade om Gud, undvek de att använda det hebreiska ordet YHWH, eftersom det ansågs vara hädiskt att använda Hans namn öppet. På arameiska var det brukliga ordet Allah, eller att använda uttryck som vår Fader i himlen, Herren, etc. (Den arabiska bibelöversättningen använder Allah.)

Kapitel 1. 25 December År 758 AUC. Drömmen.

- "Har du haft en bra födelsedag?" frågade min mor mig när jag hade lagt mig på kvällen. Jag hade krupit ned under tjocka yllefiltar och mina yngre bröder sov redan djupt, Hakob bredvid mig i sängen och Joses i sin vagga.

- "Du är en stor pojke nu Yeshua, fem år gammal. Du kommer snart att få hjälpa din far med att laga hans verktyg."

- "Ja just det", sade jag, "men Mor, berätta nu för mig om din dröm om ängeln."

Vi hade haft som tradition, min mor Miryam och jag, att prata om hennes dröm en gång om året, på kvällen av min födelsedag. Jag minns inte när hon började med det här; hon kan ha börjat till och med innan jag kunde tala.

- "Ja just det, min dröm…", började hon och blickade i fjärran, "Innan du föddes hade jag och din far just flyttat in i vårt nya hem, det här huset, och vi längtade efter att ha en familj. Tidigt en morgon drömde jag att jag vaknade, och jag blev inte förvånad över att jag var ensam, eftersom jag visste att din far Yosef redan hade gått iväg till sitt arbete. Men jag hörde någon i det andra rummet, så jag satte på mig min klädnad och gick ut dit. Där mötte jag en mycket lång man, klädd i en vit fotsid dräkt, och han sade

'Bli inte rädd, kära Miryam. Jag har ett budskap från Allah. Han säger att du kommer att föda en pojke. Han kommer att bli en kung, och han kommer att befria alla.' Och han började lysa, starkare och starkare, tills jag bara kunde se vitt, varmt ljus som var starkare än något jag någonsin sett, men som varken brände eller bländade. Efter en stund falnade ljuset långsamt, och mannen hade försvunnit."

Som vi alltid brukat göra i vår ritual, frågade jag
- "Vad menade han med kung? Kommer jag att bli kung over Galiléen, eller var då? Gamla Herodes söner, de är ju kungar nu, kommer inte de att fortsätta att regera?"

Mor log och strök mig over håret.
- "Det är klart att de kommer att göra det. Men du kommer att hitta ditt eget kungarike, eller hur?"

Jag satte mig ivrigt upp - nu var det min tur:
- "Ja just det, det har jag fått reda på i mina drömmar. I mina drömmar kommer ängeln som du mötte och han ger mig en gyllene bägare, och han säger att det här är ditt vapen. Med det här kommer du att erövra världen. Vad menar han, hur kan en bägare vara ett vapen?"

Trots att vi lekt den här leken många gånger, blev min mors ögon ledsna när hon sade

- "Jag vet inte, min käraste Yeshua. Alla de andra pojkarna i byn drömmer om att ansluta sig till zeloterna, och de längtar efter att få lära sig att strida med svärd och dolk. Och vi vinner aldrig, och många dör... Kanske bägaren betyder att du kommer att strida med ord, med nya tankar."

De här orden var de som alltid hade varit tecknet för att vår årliga tradition hade nått sitt slut. Jag hade aldrig förstått vad hon menade med de här orden vid de tidigare tillfällena, jag hade bara förstått att hon var orolig och ledsen, och vi hade bara kramat varandra. Men den här gången kände jag hur något växte inom mig, som en eld i min mage, en eld som arbetade sig uppåt.

- "Jag kommer att leta efter den där bägaren! Jag kommer att hitta den och då kommer jag att bli en kung!"

Min mor Miryam tittade på mig med ett förvånat uttryck i sina ögon. Hon såg att jag inte log; jag lekte inte vår gamla lek längre.

- "Men hur kommer du att veta att det är rätt bägare som du finner?"

- "Jag kommer att dricka ur den. Om den gör mig stark kommer jag att bära med mig den ut i världen och jag kommer ge andra att dricka. De som jag ger det här att dricka kommer aldrig att törsta mer!"

Min mor såg på mig, och hon såg konstig ut, såg nästan skrämd ut:

- "Jag har aldrig berättat det här för dig - ängeln i min dröm sade något sådant, men jag har aldrig kunnat förstå vad han menade med det, så jag har aldrig berättat det för någon. Och nu säger *du* det …"

- "Jag vet det helt säkert", sade jag, "jag *kommer* att hitta den där bägaren."

- "Det tror jag faktiskt att du kommer…", sade hon, "men nu tror jag att det är tid för dig att sova. Tidigt i morgon bitti måste du gå till Rabbin med din bror för er läslektion. Så jag säger god natt nu, min lille pojke."

Och hon kramade mig länge, längre än hon brukade göra, och stoppade om mig.

Kapitel 2.   17 Maius 763.
Ängeln.

Herodes Antipas hade varit kung over Galiléen några år, men det var mycken ofred både i vårt land och i Judea, och det hade varit knappt med mat hela vintern.

Våra lektioner hos rabbin hade minskats till en gång i veckan, eftersom även vi yngre pojkar var tvungna att arbeta på fälten hela dagarna. Utom för mig, jag hade en extra läslektion eftersom rabbin hade övertygat min far om att jag hade ett ovanligt läshuvud för skrifterna.

Men nu var det kväll, de tysta och svala timmarna före solnedgången. Jag och mina två bröder Hakob och Joses lekte på gården bakom vårt hus. Shimon var inomhus, han hjälpte vår mor att vakta lilla Ester som fortfarande låg i sin vagga.

- "Jag är Yehudah från Galiléen, och du Hakob ska vara Quirinius!" hojtade Joses och rusade mot sin äldre bror, träsvärdet höjt over huvudet.

Hakob klättrade hastigt upp på stenmuren som omgärdade vårt hus, medan han försvarade sig med ett lock till en hink, som han låtsades vara en sköld, och som han höll i dess handtag av rep.

- "Jag kallar in Kejsarens soldater och jag kommer att korsfästa er alla och hundarna kommer att pissa på era benknotor!" hojtade Hakob tillbaks, "Yeshua, kom och hjälp mig med den här banditen!"

- "Ni kommer bägge att förlora", sa jag och la mina armar i kors. "Yehudah kommer att dödas om ett år, och det här kriget kommer inte att leda någonstans. Romarna kommer att stanna i tusen år. Men sen kommer hela det romerska riket att falla också."

Hakob sjönk ned på stenmuren och satte sig med benen dinglande.

- "Du och dina drömmar, Yeshua... Men vi har Allah på vår sida, vi kan inte förlora det här kriget! Vi har rätt till det Heliga Landet. Allah har ju gett oss den rätten. Och han kommer inte att vänta i tusen år. Så säger i alla fall Rabbin."

Joses, som bara var fem, förstod inte riktigt det här, men han tog det som en uppmuntran:

- "Jag är Yehudah från Galiléen, och Allah är på min sida! Han kommer att hjälpa zeloterna i det Heliga Kriget!" Och han hotade Hakob med sitt svärd igen.

Minnet av en dröm jag haft föregående natt kom upp, och jag satte mig ned på marken.

- "Förra natten drömde jag igen att ängeln talade till mig. Han sa att de som använder svärd för att döda kommer själva bli dödade av svärd. Och han sa att de som ger liv kommer att leva för evigt."

- "Nu är du tokigare än vanligt, Yeshua. Hur kommer vi någonsin kunna bli fria om vi inte kämpar?" sa Hakob med hög röst och hoppade ned från muren för att sätta sig framför mig. Joses såg besviken ut när han hörde sina bröder börja diskutera, som de jämt brukade göra. Han satte sig ned en bit ifrån och började bygga en bondgård på marken med locket till hinken och med torkad getspillning.

- "Vi kommer aldrig kunna bli fria så länge vi tror så." sa jag, "Jag vet att Rabbin vill få oss att tro på det Heliga Kriget som kommer och som ska befria oss. Allt det här talet om Messias som kommer att leda oss till seger. Men mor säger att varenda en som har hävdat att han är Messias har dödats."

- "Ja men Rabbin har ju också varnat oss för falska profeter", invände Hakob, "och han säger att de som blivit dödade kan inte ha varit den riktiga Messias!"

Jag la min hand på Hakobs axel och sa lugnt, och djupt inom mig kände jag mig helt säker på det som jag tänkte säga till honom.

- "Min ängel har sagt mig att Messias kommer att vara den som ger liv. Han kommer inte att använda svärdet, för det skulle leda till att alla dör."

- "Säg det där till kvinnorna i vår by, de som blivit änkor på grund av romarna. Säg det till de andra mödrarna som har förlorat sina söner som har kämpat för vår rätt!" muttrade Hakob argt.

- "Vet du, Hakob", sa jag långsamt och omsorgsfullt, "Det tror jag att jag kommer att göra. Inte nu förstås, men på något sätt vet jag att jag kommer att säga dem det här. Och jag känner mig rädd, för det kommer inte att bli lätt att säga det. Någon gång i framtiden kommer jag till och med att säga åt Rabbin att han har fel."

- "Du är fullständigt tokig du, Yeshua" sa Hakob, men såg lite imponerad ut, han skakade på huvudet men samtidigt log han.

Kapitel 3. 19 September 764.
Rabbin.

- "Jag tror du har blivit lika lärd som jag, Yeshua min pojke. Jag är riktigt imponerad av hur du kan ta dig tid att läsa hemma, med allt arbete som du måste göra åt din far."

Rabbin satt bakom sitt lilla skrivbord i det mindre rummet innanför synagogans huvudkammare. Jag satt på en matta på andra sidan av skrivbordet och höll försiktigt en Tora-rulle framför mig.

Vi hade talat om vad Toran säger om Israel som det heliga landet som Allah givit judarna, och om "Milhemet Mitzvah", det påbjudna Heliga Kriget. Jag hade aldrig avslöjat något för Rabbin om mina drömmar, men jag kunde inte avhålla mig från att ställa frågor till honom. Det som min ängel hade sagt mig gång på gång, att jag skulle komma att använda min Bägare som mitt vapen, hade blivit som en besatthet inom mig, något som jag jämt bar med mig. Varje dag hände något som fick mig att tänka på det: de andra pojkarna som lekte det heliga kriget, de återkommande begravningarna för unga män i vår by och i många av grannbyarna, mina föräldrars upphetsade diskussioner under sena kvällar.

Jag kände, som alla andra, vrede inom mig mot romarna, och mot de höga prästerna i Jerusalem, som jag kände förrådde oss, men jag kunde inte släppa taget från min Ängels envisa ord om hur våld bara skapar nytt våld, i en ständigt ökande ond cirkel.

- "Och självklart har du som en ung man, redan tio år gammal, rätt att kritisera oss äldre, och vildhjärnorna i din egen ålder, men du ska inte kritisera Lagen..." sa rabbin. Han lutade sig framåt, som för att understryka det han tänkte säga, och fortsatte:

- "Jag tror att om du studerar Parshat Ki Teitzei mer, så kommer du att förstå att det här är något vi judar har tänkt igenom mycket grundligt. Om vi skulle börja avvika från Lagen, är vi inget. Vad säger din kusin Ohannes om det här? Han har ju studerat med Nazariterna i två år nu."

Jag visste att jag höll på att beträda farlig mark nu, även om rabbin var en mycket nära och gammal vän till min familj, en person jag hade känt under hela mitt liv, en person jag tyckte om och litade på. Men i det här kunde jag inte rå för det: jag kunde inte förmå mig själv att acceptera vad Lagen sade, vad alla sade. Natten innan hade Ängeln visat mig bilder som fått mig att vakna, svettig och skakande av skräck: jag såg hur hela Jerusalem bränts ned till grunden, templet i ruiner, alla hade dödats, män, kvinnor, barn. Det hade inte varit en vanlig mardröm, det hade känts som om jag färdats dit, in i framtiden, och som att jag verkligen sett det, känt den fruktansvärda stanken från bränt kött, hört kvidandena från de få som fortfarande levde men som snart skulle dö, stapplande omkring i askhögarna. Att minnas drömmen fick mitt hjärta att banka.

Rabbin såg min upprördhet, och eftersom han trodde att jag känt mig åthutad av hans tillsägelse, sade han

- "Men ta inte det här som att jag tycker att det är oförlåtligt att diskutera det här. Det är en god sak att du och jag är sådana goda vänner, och goda vänner ska kunna tala tillitsfullt med varandra om sina tankar. Vad jag vill säga är att dina tankar om att våld bara leder till nytt våld är kloka, i allt utom i detta. I detta har vi Allah på vår sida, och vi måste lyda Hans påbud."

Lite lättad over hans vänliga sätt att säga det, frågade jag

- "Men även om Toran säger det här, och det har setts som vår sanning under tusentals år, under hela tiden sedan Moses befriade oss från Farao och ledde oss till det förlovade landet, hur vet vi *säkert* att det är Allahs sanning? Människor har trott på saker under tusentals år långt före oss, sådant vi nu ser som vidskepelse och feltankar."

Rabbin betraktade mig, till synes försjunken i djupa tankar. Han förblev tyst under en lång stund, och jag började åter känna att jag kanske gjort honom upprörd. Men till min lättnad sade han

- "Du har helt rätt. Många har trott på sådant som varit fullständigt falskt. Många gör fortfarande det, till exempel alla de här falska Messias och profeter som vandrar omkring och förvrider huvudena på folk genom att tala om världens undergång. Jag tror att om de verkligen följde Allahs påbud i det de gör, skulle de inte bli dödade. Men jag tror fortfarande att om vi håller huvudet kallt och följer Lagen, kommer Allah att visa oss vägen till seger."

Djupt nere i mig själv visste jag, och hur jag visste det här kunde jag inte ens ana, men jag visste att precis det *här*, att blint följa Lagen, skulle komma att bli det som skulle leda till förödelsen jag sett i min dröm. Men jag hittade inget sätt att säga det på, ett sätt som inte skulle ha avslöjat mina samtal med min Ängel, så jag sade bara

- "Jag önskar att alla hetsporrar skulle kunna få ert tålamod, Rabbi. Kanske skulle de då kunna tysta sina högljudda tankar om hämnd, och de skulle kunna höra Allahs röst inom sig. Men tack, Rabbi, för det här har varit ett bra samtal. Jag är mycket tacksam för att jag får låna den här dyrbara bokrullen, och jag kommer att studera mer, tills jag förstår."

Rabbin såg överraskad ut, och var en lång stund tyst igen, men sedan suckade han:

- "Jag måste säga det igen, Yeshua, jag är förbluffad över att du bara är tio år gammal. Du talar som vore du en gammal själ. Det kanske du är... Men tack ska du ha själv, våra samtal tvingar mig verkligen att fundera över mina egna tankar. Känn dig fri att låna bokrullen så länge du vill, bara du tar hit den till gudstjänsterna. Jag vet att jag har hållit dig kvar här längre än Yosef tycker om, och jag är säker på att han väntar på att du ska komma tillbaks och hjälpa honom att laga hans verktyg. Så farväl för idag, unge Yeshua."

Kapitel 4. 15 Aprilis 766.
           Templet.

Nästan alla i vår by hade färdats tillsammans till Jerusalem över påskhögtiden, som vi brukade göra varje år. Bara de mycket gamla och de lytta hade stannat hemma, och vi hade försett dem med det de behövde för de kommande veckorna.

Många hade vagnar dragna av åsnor, men de flesta av oss färdades till fots. Pilgrimsresan till Jerusalem hade tagit tre dagar, eftersom vi inte vågade färdas genom Samarien. Som alltid förr, färdades vi öster om Jordan genom Perea och sedan västerut in i Judea, även om den kortaste vägen hade tagit nästan en dag mindre.

Vi hade nu varit i templet under två dagar, och jag vandrade omkring för mig själv i Hedningarnas Förgård och tittade på alla människor som trängdes med varandra runt alla köpstånd och myntväxlare. Mina syskon hade stannat kvar hos våra släktingar i tältlägret utanför Jerusalem, och mina föräldrar var längre in i templet. Min mor skulle offra i Kvinnornas Förgård, och min far tillsammans med de andra av vår bys äldremän skulle försöka att komma hela vägen in i Isrealernas Förgård för att delta i en ceremoni.

Efter att jag fyllt tio år hade jag fått en liten lön av min far för de arbetstimmar jag då började ha tillsammans med honom i Sepphoris, där många hade fått byggarbete vid Herodes Antipas nya palats och med arbete för att återuppbygga staden. Jag hade tagit med mig en liten summa pengar på den här pilgrimsresan, och jag hade nu köpt mig ett litet hängsmycke i form av en stjärna i en läderrem för att fira mitt 'Bar Mitswah' som jag hade haft dagen före, ceremonin som betydde att jag nu var en vuxen medlem av byns gemenskap.

Med stjärnan på bröstet kände jag mig inte längre som bara en pojke, och jag tänkte mig hur barnen omkring mig nu såg upp till mig som den vuxne man jag kände mig som. Det faktum att mina föräldrar givit mig förtroendet att få vandra omkring för mig själv så här, och att själv få leta mig tillbaks till tältlägret, kändes också bra.

- "Unge kung David, vad tycker Ni om vårt tempel", sade en lång farisé leende mot mig. "Det ärar oss att ni inspekterar oss så här mitt under själva påsken!"

- "Tack Rabbi, det är jag som är ärad av att få vara här. Ni har blivit civiliserade, och jag känner mig lättad att ni inte längre offrar jungfrur till Moloch", skämtade jag tillbaks.

Prästen såg förvånad ut vid mitt frimodiga svar, och sade

- "Skulle ni föredra att vi gjorde det, Eders Majestät?"

-"Nej, min åsikt är att offer borde tillhöra det förgångna helt och hållet." sade jag, och hoppades att han skulle uppfatta detta som ett fortsatt skämtande från min sida, trots att jag kände att mina ord hade kommit kom från hjärtat.

- "Tur för er, min Kung", sade prästen och gjorde plats åt sig att sitta på en köpmanskista, "att ingen av de höga prästerna hörde er. En Sadducé skulle inte ha tagit det där bra, inte ens från en kung..."

Jag kände hur prästen utstrålade vänlighet och värme, så trots hans varnande ord kände jag att han var mer förbryllad och nyfiken än förnärmad. Jag kände hur det lekfulla ordbytet hade tänt den gamla elden i mitt bröst. Hur det åter hade väckt min längtan efter Sanningen bakom alla ritualer, bakom alla de hundratals tolkningarna av skrifterna, bakom alla olika trosriktningar. Rabbin hemma hade berättat för mig om tjugofyra olika trosriktningar bara här i Jerusalem ...

- "Jag har lärt mig att en sjuk man bör offra en frisk och felfri duva, cederträ och isopkrydda. Sedan, efter att han har renat sig under åtta dagar, ska han offra igen, två lamm den här gången. Efter detta är han fri från synd, och om han fortsätter att vara sjuk är det hans eget fel."

- "Så du tycker att vi gör så här bara för att tjäna pengar?" sade prästen och såg plötsligt allvarlig ut.

- "Nej, jag tror att ni erbjuder de här möjligheterna i god tro. Men jag tror att sjukdom kommer ur att *se sig själv* som syndig, även om man är utan synd. Och offrandet kan då göra att den sjuke mannen tror på det ännu mer."

Prästen betraktade mig tankfullt. Jag såg att han, trots sitt långa skägg, i verkligheten var ganska ung, kanske i trettioårsåldern.

- "Vad heter du, och varifrån är du, min pojke? Jag frågar inte för att hota dig, jag frågar dig för att jag skulle vilja att du följer med mig till vårt kvarter strax efter ingången till Kvinnornas Förgård. Vi som håller till där är en grupp yngre präster, och vi diskuterade just hur offret borde tolkas, och det verkar som om du har tänkt en hel del på detta."

Lättad, nyfiken och också smickrad av hans inbjudan sade jag

- "Jag är Yeshua bar Yosef från Nazareth. Jag hade min Bar Mitswah igår, och jag får därför gå vart jag vill själv. Mina föräldrar och mina bröder och systrar och mina släktningar bor i ett tältläger norr om Jerusalem. Jag följer gärna med Er, Rabbi. Skulle jag kunna få köpa något att äta och dricka innan jag följer Er?"

Prästen ställde sig upp, log och sade

- "Det behöver du inte göra, unge Yeshua. Du kan äta och dricka hos oss som vår gäst."

Han gick mot ingången till den inre gården, och kryssade sig långsamt genom den tjocka massan av människor, stånd, bord, burar med offerdjur, och allsköns skräp. Jag försökte att gå strax bakom honom och mitt hjärta slog snabbare än förut, dels på grund av ansträngningen av att undvika att gå in i folk, men också på grund av min förväntan inför att tala inför en grupp med präster, helt ensam.

Vi tvättade oss i ett tvättfat bredvid ingången och jag följde med honom in till Kvinnornas Förgård. Jag kunde se den stora porten in till Israeliternas Förgård på andra sidan, och över och bortom muren reste sig Det Heligaste av Heligas torn upp sig. Den tjocka stanken från brinnande kött från offeraltarna gjorde nästan att jag fick kväljningar, trots de tjänstgörande prästernas ansträngningar att dölja lukten med rökelse och med röken från brinnande örter.

Vi gick in i ett litet rum bakom en rad med höga pelare. Först kunde jag inte se något, bländad av det starka solljuset utanför, men efter en stund kunde jag se två präster som satt på träpallar vid ett grovt bord av cederträ i mitten av rummet. Runt väggarna fanns öppna kistor med frukt och grönsaker, och på järnkrokar på väggen bredvid ingången hängde rått kött, täckt av flugor.

Min nyfunne vän hälsade på de andra två, satte sig på en pall och bjöd mig att sitta vid bordets huvudände.

- "Det här är min vän Yeshua bar Yosef från Nazareth. Jag har bjudit hit honom idag för att dela vår mat med oss, och för att prata om hur skrifterna ska tolkas. Yeshua hade sin Bar Mitswah igår, och är nu Budens Son, tillika en vuxen man som ser efter sig själv. Åh, och jag glömde att säga mitt namn till dig, min pojke" sade han och vände sig mot mig.

- "Jag är Nicodemus bar Gurion och jag är härifrån. Min familj har bott i Jerusalem under fyra generationer. Mina prästbröder här är Isak bar Simeon från Jeriko och Jason bar Jacimus från Kapernaum."

De andra prästerna hade också tjocka svarta skägg, men såg ut att vara i samma ålder som Nicodemus. Eftersom jag kände igen Jason från att ha sett honom några gånger i Nazareth, där jag trodde att han hade släktningar, kände jag mig lite mindre nervös. Jag hälsade dem och upprepade deras namn, och sade

- "Ni Rabbi Jason har jag sett förut, har inte Ni släktingar i min hemby?"

- "Jodå", sade han och tittade närmare på mig, "en av min mors kusiner bor där, Avigail, gift med Jonas. Men är du inte Miryams son, hon som är kusin till Elisheba i Bethletepha, alldeles nyligen änka efter en av våra präster, Zechariah?"

Jag kände mig nervös igen, eftersom jag inte visste hur mycket av ryktena han kunde ha hört, och hur han i så fall tolkat dem.

- "Jag är son till Miryam, kusin till Elisheba. Jag och min kusin Ohannes, deras ende son, har träffats mycket. Han är sex år äldre än jag och jag betraktar honom som en äldre bror. Han är medlem av Nazariternas brödraskap och han är lärd som vilken rabbi som helst."

- "Och han hade kunnat vara en också" sade Simeon, "men den envise pojken envisas med att avstå från lönen från templet som han har rätt till, som son till Zechariah och som en skriftlärd. Ett slöseri att vara en simpel fåraherde; ett huvud som hans hade varit som klart källvatten här i det här andliga träsket ..."

- "Men det här förklarar mycket!" utropade Nicodemus, "Det här är ett utmärkt exempel på vad jag och unge Yeshua pratade om förut - hur övertygelser inte bara styr hjärnan utan också kroppen. Inte förrän hennes dröm om ängeln Gabriel kunde hon bli med barn, och när det hände var hon långt över en ålder där något sådant kunde vara möjligt. För att inte nämna gamle Zechariah..." skrockade han.

- "Vi var alla tre här i templet när *hans* vägran att tro först gjorde honom stum, och sedan när de frågade honom vad hans son skulle heta gjorde hans fullständiga förändring av sina övertygelser att han plötsligt kunde tala igen", sade Jason upphetsat. "Men berätta mer, Nicodemus, vilken slags övertygelser talade ni två om förut? Om den här Yeshua är kusin till Ohannes bar Zechariah, och han har vistats tillsammans med honom, har han säkert intressanta idéer."

- "Sannerligen", sade Nicodemus lite dröjande, "men kanske du kan förklara det här igen Yeshua, nu för oss alla tre. Du sade något om hur offer kan förstärka en felaktig tro på ens syndfullhet, och att död aldrig kan leda till nytt liv. Eller förstod jag dig fel?"

Och vi diskuterade, och många timmar passerade. Vi gjorde uppehåll för att Simeon skulle kunna gå ut för att steka lite av offerköttet och för att Jason skulle kunna hämta bröd, grönsaker och vin, vatten till mig, och sedan fortsatte vi att tala under det att vi åt. Jag kände mig mer och mer hemma med de här tre männen, trots att de var nästan dubbelt så gamla som jag, och trots att de var skriftlärda och använde många ord jag inte förstod helt. Vad jag dock förstod efter ett tag var att de var motståndare till både de höga prästernas underdåniga inställning till romarna *och* till zeloternas fanatiska inställning. Jag kom att förstå att de ofta sinsemellan hade diskuterat någon slags medelväg.

Jag berättade till och med för dem om mina drömmar om Ängeln, och om hur jag mer och mer hade börjat ha "vakendrömmar" där jag talade med Honom, något jag aldrig berättat för någon utom för min bror Hakob och min kusin Ohannes. När fariséerna insåg vidden av mina gudomliga samtal, vändes deras intresse av vad jag tror de betraktade som en begåvad pojke med intressanta idéer till att bli en allvarlig och tidvis intensiv utfrågning.

Deras frågor och kommentarer på det jag berättade för dem fick mig själv att tänka på ett djupare plan på sådant som känts mer och mer naturligt för mig, och jag började till och med betrakta mina erfarenheter i ett nytt ljus, så att jag symboliskt uttryckt började se på mig själv genom deras ögon.

Bland många andra saker, talade vi om omöjligheten i att skapa en bild av Allah, och att just detta kunde vara orsaken till alla de olika tolkningarna av skrifterna som uppstått. Jag insåg då, att mitt begränsade mänskliga sinne *skulle* ha kunnat skapa bilden av Ängeln som ett sätt för min Fader att tala till mig. Eller snarare, att Ängeln varit *en* manifestation av Honom, en manifestation som skulle kunna upplevas fullständigt annorlunda av någon annan, men att budskapet skulle förbli detsamma.

Vi tappade känslan för att tiden gick, tills vi plötsligt märkte att solen gått ned, och Nicodemus sade

- "Dina föräldrar letar nog efter dig, men vi vågar inte släppa iväg dig att vandra i mörkret för dig själv. Stanna hos oss i natt, så hjälper vi dig att hålla utkik efter dem i morgon bittida."

- "Jag tror inte att de har börjat oroa sig än", sade jag, "eftersom de sade åt mig att om det skulle bli för svårt att ta sig genom staden, kunde jag stanna över natt hos en av mina släktingar, som funnit tält att hyra på en takbalkong här i närheten."

Och allt eftersom mörkret föll over templet tystnade ljuden utanför. Snart kunde jag bara höra ljuden från djuren, och jag hörde hur prästerna bad tyst för sig själva. De hämtade sovmattor från ur en av kistorna, och efter att vi tvättat oss, sov vi snart på golvet.

***

Nästa dag fortsatte vi att tala med varandra, nu inte alla fyra samtidigt, eftersom de hade olika tjänster att fullfölja. I stället fick jag ägna tid, ibland flera timmar, med en av dem åt gången. Jag kände mig alltmer hemma med dem, och återigen tappade vi känslan för tid: till min överraskning var det plötsligt natt igen, men den här gången bestämde jag mig för att gå iväg nästa morgon för att leta rätt på mina föräldrar, som jag nu misstänkte nog hade börjat undra var jag var.

Nästa morgon åter, efter att ha ätit frukost, fortsatte våra diskussioner, och ingen av oss märkte hur det bullrade vid dörren. Min fars röst fick mig att rycka till, eftersom han stod precis bakom mig:

- "I Allahs namn, Yeshua, var har du varit! Vi trodde att du hade bestämt dig för att bo med min kusin som vi kom överens om, och sedan trodde vi att du hade bestämt dig för att resa hem med honom, i stället för att försöka hitta oss i den här röran. Men sedan när vi rest en hel dag, och fortfarande inte kunde hitta dig, återvände vi, och nu hittar vi dig här! Det verkar inte ens som om du bryr dig!"

Förlägen ställde jag mig upp och sade

- "Förlåt mig far, men de här männen har blivit som vore de mina äldre bröder, och vi har talat om vår Fader i himlen, i Vars hus vi är. Jag kände mig så hemmastadd här så jag glömde bort tiden."

När han märkte de tre prästerna, blev det nu min fars tur att känna sig förlägen, och han verkade till och med tacksam när jag presenterade honom för Nicodemus, Isak och Jason. De bad min mor stiga fram, och bjöd mina föräldrar att stanna för att äta innan vi skulle resa hem.

När min far och mor hade fått reda på hur det hängde ihop med Zechariah, Elisheba och Ohannes, och de förstod att Jason hade släktingar i Nazareth, började de till och med verka roade av att vara här och jag tror att de stannade längre än vad de planerat att göra när de just funnit mig.

Till slut tog vi alla ett varmt farväl av varandra, och jag lämnade templet tillsammans med mina föräldrar för att återta vår hemfärd norrut.

Kapitel 5. 1 October 767.
Ohannes Nazariten.

- "Jag kan verkligen förstå hur du känner dig", sade Ohannes, "det tog ett år för mig. I början efter det att min far hade gått bort var smärtan i mitt hjärta fruktansvärd. Jag vet att det nog inte känns så för dig nu, men smärtan avtog långsamt, och för mig finns nu bara ett ömsint vemod kvar. Det som också hjälpte mig igenom det var att tänka på det fullkomliga och rika liv han fick, och att tänka på den glädje min födelse gav honom."

- "Yosef min far fick också ett rikt liv. Men han välsignades inte med ett så långt liv som Zechariah fick. Och du och din far hade så starka band och en sådan närhet. Det som smärtar mig mest är den spänning som han och jag hade mellan oss de sista sex månaderna av hans liv, och den sorg jag orsakade honom."

Ohannes, min kusin, och hans mor Elisheba var på besök hos oss i Nazareth, och han och jag satt på en kulle med utsikt över byn, i skuggan av ett stort träd. Vädret var varmt för årstiden, och vi hade tagit med oss torkat kött, bröd och vatten till mitt egna avskilda ställe, ett ställe jag ofta gick till när jag behövde vara ensam.

Jag hade inte träffat Ohannes under lång tid, och sedan förra gången hade han växt till att bli en fullvuxen man, nitton år gammal. Han var ovanligt lång, och hade låtit sitt hår bli långt, ned till axlarna, och han hade ett stort skägg. Han var klädd i en klädnad av grovt kamelhårstyg med ett läderskärp. Han hade börjat med det här sättet att klä sig tre år tidigare efter att han läst om profeten Elijah på Karmelberget.

Ohannes suckade och sade

- "Det var inte du som gav honom sorg, han gav sig själv sorgen. Han skulle ha kunnat acceptera att du ville ha ett annat liv, i stället för att försöka få dig att bli trolovad med Hannah. Han kunde ha valt att acceptera det du sade, även om du inte kunde förklara alla dina skäl."

När Ohannes nämnde Hannah kom alla minnen tillbaks, om mina och min fars upprörda diskussioner, om den spänning som hela historien medförde mellan honom och min mor och också bland våra släktingar. Jag blev så rastlös att jag blev tvungen att resa mig upp och gå omkring. Ohannes förblev sittande, och såg på mig. Nästan gråtfärdig sade jag

- "Jag *hade* kunnat försöka berätta om mina samtal med Den Helige Ande. Jag *borde* ha kunnat få honom att förstå..."

- "Men du försökte ju", protesterade Ohannes, "och kom ihåg det du berättade för mig härom dagen, om hur upprörd han blev, så att han till och med använde ord som hädelse, och det bara efter att du indirekt hade antytt ditt levande förbund med Allah. Du har glömt hur viktigt det alltid var för Yosef att bibehålla sina goda relationer med de andra byäldstena, och hur viktigt det var för honom att väga sina ord när ryktena om dig diskuterades i byrådet. Jag vill inte tala illa om Yosef, men i det här fallet stängde han både sitt hjärta och sina öron!"

- "Jo, du har rätt", sade jag och kände mig litet lugnare. Jag satte mig ned på ett av getskinnen vi hade tagit med oss. "Och jag känner att min mor, även om hon aldrig sade något om det här, förstod mig hela tiden. Jag har inte talat med henne öppet om min Ängel på mycket länge, men vi delar erfarenheten, och när jag var liten talade vi ofta om hennes eget möte."

Vi satt tysta en stund och såg ut över byn. Det var en vacker dag, naturen hade börjat skifta i höstfärger och det var helt vindstilla. Man kunde höra lärkor drilla högt uppe i skyn; de hade just anlänt från norr eftersom nätterna börjat bli kallare.

Jag fortsatte:

- "Vi talade med varandra härom dagen, innan du och moster Elisheba hade kommit, om hur hennes liv kommer att bli nu, änka med sex små barn - Rivka är bara tre. Och jag sade till henne att jag kanske skulle vilja studera någon annan stans än med Rabbin. Hon frågade mig om jag funderade på att ansluta mig till Nazariterna, som du, men jag sade att de planer som hade kommit till mig var annorlunda. Jag sade till henne att jag kanske skulle vilja flytta hemifrån, och att jag trodde Hakob med hjälp av våra släktingar skulle kunna ta ansvar för att vara den äldste mannen i huset. När hon frågade mig vart jag hade tänkt mig att åka, så sade jag till henne att det visste jag inte, men att jag hade tänkt tala med dig när du kommit."

- "Och här är jag nu", sade Ohannes. "Så, vad är dina tankar om det här?"

Osäker på hur han skulle ta det, han som nu var en edssvuren Nazarit, sade jag långsamt

- "Jag har funderat på att lära mig om andra tankesätt. Jag behöver komma ifrån undervisningen av Lagen, jag behöver kunna se saker i ett nytt ljus..."

- "Jag vet att du behöver det", sade Ohannes. Han lutade sig fram mot mig och lade sin starka hand på min arm, och lät den vila där. "Jag vet att ödet har bestämt att du ska skapa nya läror."

Han rynkade pannan och fortsatte

"Jag själv, om någon, behöver verkligen en annan lära. Nazariternas påbud om att inte ha kontakt med de döda förbjöd mig att delta i min fars begravning. Jag lydde inte budet, så efter begravningen offrade jag i templet, men i mitt hjärta är jag fortfarande ohörsam..."

Hans beröring och hans stadiga blick fick mig att känna mig trygg, så jag vågade nu säga

- "Den Helige Ande har sagt många saker till mig som motsäger Lagen helt och hållet. Jag vet i mitt hjärta att de här sakerna i Lagen har hittats på av människor, och man har talat om dem under så lång tid, vissa under tusentals år, att de har blivit sanningar som det inte är tillåtet att ifrågasätta. Men samtidigt har jag inga ord jag kan använda för att kunna ändra vårt folks sätt att tänka. Jag behöver resa, kanske långt bort, för att kunna finna dessa ord."

Ohannes log och sade

- "Jag har faktiskt hoppats att du skulle berätta något sådant här för mig. Som jag sade, jag har vetat djupt inne i mig att ödet har bestämt att du ska skapa en ny lära, och även om du bara kan finna Allahs Sanning i ditt eget hjärta, behöver du kanske höra det från andra innan du kan lyssna på ditt hjärta. Jag vet inte vad jag har fått det här ifrån, men för min inre blick ser jag dig resa till Österlandet, till de visa männen i bergen."

Först förstod jag inte vad Ohannes menade med uttrycket inre blick, men plötsligt gjorde själva begreppet inre seende, att kunna se en annan verklighet inom sig, att jag kände mig yr. Jag slöt ögonen. Jag kände att Ohannes fasta grepp om min arm förankrade mig till här och nu, men att hans grepp också gjorde det möjligt för mig att följa vägarna in i framtiden men något slags inre seende.

Jag såg mig själv färdas med en karavan, mot den uppåtgående solen. Jag såg min väg leda till många vägskäl och korsningar, och efter varje vägskäl såg jag vart de olika vägarna fortsatte. Jag visste att jag skulle komma att ta en viss väg som följd av beslut jag behövde fatta vid varje vägskäl i framtiden. Och för min inre blick kunde jag se vart var och en av dessa vägar ledde. En av vägarna ledde mig tillbaks till Judea för att bli präst. Andra vägar ledde till våldsam död. Andra ytterligare ledde längre bort. Virrvarret av olika vägar blev mer och mer förvirrande, ju längre in i framtiden jag följde dem, men en sak kunde jag se tydligt: från där jag var nu fanns bara en väg, en väg som ledde till Österlandet, och jag såg att jag skulle komma att beträda den vägen kommande vår.

Jag öppnade ögonen, och det kändes som om jag vaknat ur en klardröm som hållit på under en lång stund, men jag insåg samtidigt att det bara hade gått några minuter.

- "Ohannes, käre kusin. Dina ord om inre blick öppnade något inne i mig. Jag vet att det här är något jag alltid kunnat göra, men det har känts alltför skrämmande så jag har aldrig vågat göra det, jag har stängt mig själv inför tanken. Tills nu: din styrka hjälpte mig att ta steget."

Och jag berättade för honom om min vision, om vägen jag skulle komma att anträda kommande vår, och hur jag kunde se alla vägar som var möjliga för mig, långt in i framtiden.

Ohannes sade, i det att han valde sina ord långsamt och med omsorg

- "Yeshua, min kusin. Vi är mer än kusiner, vi är till och med mer än bröder. Allahs vilja är för oss att följa de vägar som blivit oss givna. Jag vet att min väg är att lämna Nazariterna för att skapa nya påbud, påbud för den nya tidsåldern. Yeshua, vad säger ditt inre seende om det?"

Ohannes uppriktiga tonläge och hans intensiva blick fäst på mig fick mig åter att känna mig skrämd av gåvan som jag förstod nu hade väckts upp i mig. Hur skulle jag, fortfarande bara tretton år gammal, kunna axla ansvaret för en annan person, särskilt Ohannes, som jag alltid betraktat som klokare än jag?

Men hans hand på min arm lugnade mig igen, och jag slöt ögonen, och den här gången kunde jag gå in i visionen av framtiden bara genom att bestämma mig för det. Det kändes som om jag hade kunnat göra så här under hela mitt liv, utan att veta det. Den här gången följde jag Ohannes väg från här och nu, framåt i tiden. Åter såg jag vägskälen, de olika beslut han skulle komma att behöva fatta, de olika vägarna som fortsatte från vägskälen och korsningarna längre in i framtiden. Jag valde bort de av vägarna som ledde till hans död inom de närmaste åren, en död så vanlig bland profeter och sannings-sägare i Palestina. I stället följde jag den väg som jag såg skulle få

Ohannes och mig att mötas igen, långt bort i framtiden. Jag blev förvånad när jag märkte att jag inte kunde se något bortom det mötet, men det kändes lugnande att tidpunkten låg så långt in i framtiden.

Jag öppnade ögonen och sade

- "Ohannes, jag såg. Men jag kommer inte att berätta om alla de olika saker jag såg i ditt liv, för de flesta av dem kommer aldrig att inträffa. Det som kommer att hända, om du och jag fattar rätt beslut vid de olika vägskälen, är att du och jag kommer att mötas igen långt in i framtiden, och att vi då kommer att axla olika roller i samma uppdrag."

Ohannes grepp om min arm hårdnade och han sade ivrigt

- "Yeshua, säg mig genast - vad ska jag göra?

Det kändes som ombytta roller, som att han var den yngre av oss, trots att han var så mycket mer storväxt än jag, och skäggig. Jag kände mig besvärad - det här stred mot allt jag lärt mig om respekten för de äldre. Men sedan sade jag

- "Ohannes, du ska återvända hem och ta hand om din mor. Du ska arbeta för att försörja henne och dig själv, och tillsammans ska ni vänta på att vår Faders timme kommer."

Det kändes som om de här orden kom djupt inifrån, jag hade inte tänkt ut dem, det var som om någon talade genom mig. Samtidigt kände jag att jag hade sagt sanningen, och jag visste att mitt råd till min äldre kusin var det han måste följa, för att vi skulle mötas igen i den avlägsna framtid jag sett i min syn.

Ohannes släppte taget om min arm och dolde sitt ansikte i händerna. Jag kunde se att han grät. Nu blev det min tur att ta tag i honom, och jag frågade

- "Ohannes, varför sörjer du?"

Ohannes suckade djupt, såg upp i mitt ansikte, och sade

- "Jag sörjer inte. De här är tårar av lycka och lättnad. Nu *vet* jag att det *finns* ett uppdrag för mig, och jag vet att du är Hans budbärare. Jag litar på att Han kommer att låta mig veta när jag ska ta mitt nästa steg."

Vi satt och såg på varandra under en lång stund, utan att säga något mer, utan vi tog bara den tid vi behövde för att kunna ta in det som just hade hänt, tid för att till fullo inse hur stort detta var, tid för att tänka på hur annorlunda bägge våra liv skulle komma att bli från det här ögonblicket.

Till slut sade Ohannes

- "Vi behöver återvända till våra mödrar. Låt oss inte berätta det här för någon."

Och vi reste oss, packade ihop våra saker i våra bärpåsar, och vi vandrade långsamt tillsammans nedför kullen mot Nazareth.

Kapitel 6.   23 Martius 769.
Essén.

- "Saknar du vårt förra sällskap, Yeshua? Vi färdades tillsammans med dem under mer än ett halvt år. Synd att de beslöt sig för att ta den norra rutten efter Kabul, och inte fortsätta till Satavahana."

Jag och rabbi Hoshea, mitt resesällskap och förmyndare, satt utanför vårt tält och tittade på solnedgången. Vi hade rest en månad efter Kabul, och karavanledaren hade kungjort att vi skulle nå Pataliputra, huvudstaden i Satavahana, inom några veckor om vädret tillät. Sommaren hade anlänt, och vissa dagar var det mycket varmt. I den nya karavanen som vi nu reste med fanns både många av medlemmarna från den förra och många nya. Allt som allt var vi nästan två hundra resande.

- "Det gör jag, Rabbi", sade jag. "Det var spännande att höra dem berätta om Kina, de som varit där förut. Ibland önskar jag att jag hade mer än ett liv - det finns så mycket att lära om världen. Jag har bara sett Galiléen och Judéen, och världen är så mycket större än jag förstod när jag var yngre."

- "Det finns förvisso mycket att lära i Kina", sade Hoshea, "men där kan du inte hitta de läror du behöver kunna mer om. Pataliputra är världens största stad, och om du vill lära dig om Veda och Buddha, är det rätt ställe. Till och med jag, som har bott där förut, hoppas kunna få med mig nya skrifter hem till B'nai-Amen."

Han visste helt säkert vad han talade om - esséernas läror byggde mycket på urgammal kunskap från både hinduismen och buddhismen. Jag hade förstått det under våra långa diskussioner om mina fortsatta studier som jag hade haft med honom när vi fortfarande var hemma. Rabbi Hoshea var i sextioårsåldern, men stark som en ung man, och han var essén från det Nazoreiska brödraskapet. Min kusin Ohannes hade bett rabbin att hälsa på oss i Nazareth för att erbjuda min mor att bli förmyndare för hennes son under resan, och det var Hoshea som hade föreslagit att vi skulle resa till det Satavahanska imperiet.

- "Du var ganska öppen med dina tankar när vi bodde i Kabul", sade Hoshea. Sedan gjorde han ett uppehåll, som för att välja rätt ord för det han tänkte säga härnäst. Och han fortsatte

- "Och det var bra på det stället, de är ivriga att lära sig nya saker, och det verkar till och med som där fanns de som tyckte att du var en profet och som ville bli dina lärjungar. Men, i Pataliputra kommer det vara annorlunda. Jag har inte varit där på trettio år, men jag är säker på att det fortfarande är som jag minns det. Där finns fyra olika grupper av människor - kaster - som enligt lagen har vissa olika rättigheter och skyldigheter."

- "Ja just det", sade jag, ivrig att visa honom att jag kom ihåg, "du berättade det för mig när vi fortfarande var hemma - Braminerna, Kshatriya, Vaisya och Shudra."

- "Vad jag inte berättade för dig", sade Hoshea, "eftersom jag inte ville göra din mor orolig, är att braminerna är inte alls öppna gentemot andra läror. Det är inte så illa som med sadducéerna eller romarna, men du måste lära dig att vara försiktigare när du har kommit dit. Precis som i städerna som vi har stannat i under den här resan, kommer vanligt folk gärna lyssna på sådant som kan hjälpa dem att försvara sig mot sina förtryckare, och både vaisya och shudra är mycket begränsade i vad de får göra, särskilt shudra."

- "Men hur hanterar esséerna det här? Ni lär ju ut att alla människor har lika värde, känner sig inte braminerna sig hotade av det?" frågade jag.

- "Vi esséer har varit på olika ställen här i österlandet under mer än två hundra år. Vi har hemliga medlemmar på mycket höga samhällsposter, till och med i palatset i Pataliputra. Vi berättar aldrig det här för någon utanför vårt brödraskap, men jag berättar det för dig för att jag känner dig nu. Jag var inte helt säker förut, men efter de här åtta månaderna som vi varit tillsammans, Yeshua, har kunskapen vuxit inne i mig som i en mor som väntar sitt barn."

Hoshea vände sig mot mig, och höll händerna över magen som för att visa att det han sagt var verkligt, och han sade långsamt:

"Yeshua, vi esséer har väntat på Mashiakh under hundratals år. Allt vi gör är en förberedelse för att den här Store Avataren ska komma genom vår medverkan. Och sanningen som växt inne i mig, och i många av oss i B'nai-Amen, är att du är Han."

Många av de saker som hade hänt under det gångna året föll på plats för mig, när jag hörde detta. Till synes slumpmässiga möten med andra esséer. Saker som rabbi Nicodemus sagt under vårt senaste tempelbesök under påskhögtiden i Jerusalem. Ohannes inblandning i Hosheas besök i Nazareth. Hur den här resan troligen var ett resultat av en omsorgsfullt utarbetad plan hos esséerna. Hur händelser troligen hade planerats under lång tid, kanske redan efter Ohannes berömda födelse, mer än tjugo år sedan.

Men, jag kände också en stor sorg, för jag visste att jag skulle bli tvungen att göra honom besviken.
Jag sade

- "Många i Palestina har talat om Messias som ska komma och befria dem från romarnas förtryck. De har talat om judarnas nya kung som ska leda dem. Jag är inte den de väntat på."

Hoshea lutade sig fram mot mig och tog mina händer i sina, och sade

- "Det vet vi att du inte är. Mashiakh är inte den Messias de talar om. Mashiakh är Han som kommer att öppna porten till himlen för varje människa på jorden! Han är den som kommer att leda oss esséer i vårt uppdrag!"

Det var som om hans beröring drog in mig i hans vision, och jag såg plötsligt esséernas hela framtid. Jag mindes drömmen jag hade haft fem år tidigare om hur Jerusalem brändes ned, och nu visste jag att esséerna skulle gå under där också, och att deras läror och skrifter skulle försvinna och glömmas bort. Jag såg för min inre syn hur deras skrifter skulle hittas igen, men inte förrän efter två tusen år. Jag slöt mina ögon, och jag tog ett djupt andetag, öppnade ögonen igen och sade:

"Rabbi Hoshea, du har kommit att bli mig kär, lika kär som min fader Yosef. Det tynger mig att krossa ditt hopp och din tro, men jag är inte er Mashiakh heller. Jag vet att vägen som Allah har bestämt åt mig kommer att leda mig tillbaks till Palestina igen. Och jag vet att ni esséer kommer att axla en viktig roll i det uppdrag Allah har givit mig att fullfölja. Men jag är inte den ni har väntat på. Han kommer aldrig att komma."

Hoshea släppte taget om mig, och knöt sina händer så hårt att jag kunde se hur hans knogar vitnade, och han sade med hes röst:

- "Hur vet du detta? Du kan inte veta detta! Det här har förutspåtts under så lång tid, och vi har alla sett hur tecknen ansamlats, först från Zechariah och Elisheba när de fick Ohannes, och från din mor Miryams möte med ängeln Gabriel. Vi har haft dig under uppsikt sedan du föddes!"

Jag kände mig ledsen på djupet för hans skull, hur jag gjort att hans drömmar krossats. Jag visste att det jag nu sagt skulle komma att krossa drömmar hos tusentals. Jag sade:

- "Jag vet detta. Men jag kan också säga dig att du har inte helt fel. Jag *kommer* att öppna portarna till himlen för varje man och varje kvinna på jorden, men det kommer inte att hända som ni tänkt. Allah har visat mig min väg bara fram till den tidpunkt när jag återvänt, men jag vet vart vägen går mot. Och jag vet att esséerna har en viktig roll i den här planen. Och att du, Hoshea, har en viktig roll i mitt liv just nu."

Rabbin lutade sig mot tältstången han hade bakom sig. Hans axlar sjönk ihop och han slöt sina ögon. Han andades ut länge, som om han hållit andan. Och han sade tyst, nästan som om han talade för sig själv:

- "Just som den blivande modern inte vet något om barnet hon bär, så visste inte jag. Jag visste att Sanningen växte inom mig, och jag vet att denna Sanning har nu kommit ut. Och som modern är lycklig när hon ser sitt nyfödda barn, och fullständigt bortser från vilket kön barnet har eller vilken färg det är på håret, så är jag lycklig för att ha fått ta emot Sanningen."

Att se honom så här, och att höra hans ord, rörde mig till tårar, och jag sade:

- "Rabbi Hoshea, jag älskar dig för ditt öppna hjärta, för ditt öppna sinne och för din visdom. Jag längtar verkligen efter att du ska visa mig hemligheterna i de läror jag kommer att få del av. Och jag är så tacksam för att ha fått dig vid min sida."

Han såg på mig, och log:

- "Det är jag som ska vara tacksam. Jag längtar verkligen efter att få höra mer om din Sanning, och jag längtar efter att få se hur du kommer att förstå dig själv ännu mer."

Och med detta avtog stundens spänning, och efter en stund talade vi om dagarna som vi hade framför oss, om vad som skulle hända i Pataliputra, och alla de praktiska detaljerna, som vi så ofta hade gjort under den här resan. När solen gick ned bakom kullarna i väster, förberedde vi oss för natten och gick och lade oss för att sova inne i vårt tält.

Kapitel 7.   14 Sextilis 774.
Shudran.

- "Mäster Issa, jag måste få tala med dig med en gång!"

Min vän Kumara kom inspringande in till min och rabbi Hosheas bostad. Kumara var ledaren för en grupp av shudra som hade bildat en hemlig gemenskap för att lära sig om Allah från oss.

- "Kära Kumara, min vän. Varför är det så bråttom, vi kommer ju att ha vårt möte i eftermiddag. Rabbin väntar på mig i palatsets bibliotek, kan det inte vänta?" sade jag.

- "Nej, nej, mäster Issa. Det här är oerhört viktigt - vi har talat med några vänner som är vaisya, de arbetar som bokhållare för de Vita Prästerna, och de har hört om en sammansvärjning för att döda dig."

Min mage knöt sig av rädsla, och jag förmådde först inte tänka klart. Jag ställde mig upp och gick fram till fönstret, varifrån man kunde se gatan nedanför, där det kryllade av folk, boskap, elefanter, marknadsstånd.

Vi hade varit här i Pataliputra i fem år, och vi hade aldrig känt oss hotade. I början hade jag presenterats av Hoshea som prästlärling som ville lära mig om österns religioner, och jag hade inte haft några svårigheter med att vara kvar i den rollen - tvärtom, de första åren hade jag behövt ägna all min tid åt att lära mig sanskrit och att läsa hinduiska och buddhistiska sutras.

Men efter ett tag hade mina diskussioner med de Vita Prästerna väckt många frågor inom mig, frågor jag inte ställde öppet till dem, men som jag kunde diskutera mera fritt i den växande gruppen med shudra som vi hade möten med.

Efter en stund lyckades jag lugna ned mig själv, och jag sade

- "Varför skulle de vilja röja mig ur vägen - jag har ju inte utmanat dem på något sätt. Jag kan inte komma på någon bland de braminer jag känner som skulle kunna bära på ett sådant hat mot mig. Jag betraktar till och med många av dem som mina vänner."

Kumara höll upp bägge sina händer med handflatorna vända mot mig och sade

- "O nej, jag vill inte att du ska tro dina vänner om ont. De är inte med i sammansvärjningen, jag tror till och med att det är en av dem som har låtit oss få veta det här, genom hemliga vägar. Det är swamin och hans grupp som driver sammansvärjningen, tillsammans med kungens sachivas, och budskapet vi fick var att något ska hända redan i övermorgon, efter Puja mitt på dagen, i palatstemplet."

- "Tänker de arrestera mig", frågade jag, "mitt på ljusan dag? Är de inte rädda att det ska orsaka upplopp? Som det är nu i staden, kommer inte mycket att behövas för att tända folks ilska."

- "Vi misstänker att de har planerat att muta folk att skapa ett upplopp mot utländsk påverkan, och det kommer sedan göra det möjligt för dem att påstå att de är tvungna att beskydda dig med soldater, och föra dig till palatset. Och sedan kommer de att sprida en påhittad historia som folk kan tro på, en historia om hur du har planerat uppror. Och sedan kommer de att avrätta dig, för att på så sätt visa alla vad som händer om man orsakar problem."

Jag satte mig ned igen vid min skrivpulpet, och bad Kumara att sätta sig också.

Jag frågade honom:

- "Vad borde jag göra för att avvärja det här hotet, tror du, Kumara? Borde jag gå och tala med dem, tillsammans med min Rabbi, och få dem att förstå att jag inte har några avsikter att orsaka problem?"

Kumara skakade energiskt på huvudet och sade

- "Nej, det är inte vad *du* gör eller säger som är deras problem. Det är vad *vi* gör. Era idéer om att varje man och kvinna är likvärdiga i Guds ögon har förändrat oss, har förändrat hur vi ser på världen. Många av oss har till och med börjat ifrågasätta kastsystemet. En av oss har i hemlighet börjat studera Veda och den antika historien, fast vi inte tillåts göra det, och han har berättat för oss att kasterna uppfanns för tusen år sedan av sådana som invaderade oss norrifrån, som ett sätt för dem att behålla sin makt över oss."

- "Ja, jag känner igen det där mönstret", sade jag, och kände mig plötsligt trött över hur maktmänniskor agerar överallt på jorden. "I mitt land låter de som invaderat vårt land oss att få behålla vårt tempel och vår tro, men bara så länge som vi betalar skatt till dem. Men om vi kommer med invändningar, dödar de utan tvekan…"

Kumara insisterade:

- "Mäster, det har gått alltför långt, det finns inget du kan göra, och jag tror att de inser det, annars skulle de bara ha försökt muta dig att resa hem. De behöver få dig att framstå som en fiende till kungariket, för att kunna skrämma oss till underkastelse."

- "Men då borde jag göra det som är säkrast för er grupp", sade jag, "och bara meddela att jag har fullgjort mina studier, och förbereda vår hemresa …"

Kumara avbröt mig:

- "Nej, nej, mäster Issa, det är för sent för det! Ni måste fly för era liv, både du och Rabbi Hossa, redan i morgon kväll, när det har blivit tillräckligt mörkt för oss att kunna hjälpa er säkert ut ur staden. De Vita Prästerna har spioner på många ställen, och ni kommer inte kunna göra det här på egen hand. Vi har kontakter och säkra omvägar. Ute på landsbygden håller vi redan nu på att förbereda hästar, mat och allt ni behöver för att färdas. I morgon kväll, och ni kan inte ta något med er härifrån!"

Många olika känslor rördes upp i mig: jag kände mig berörd över deras kärlek och deras omsorg om oss, och imponerad av allt de förberett. Jag kände mig nyfiken på vad nästa steg i min resa skulle visa sig vara. Och jag kände sorg över att vara tvungen att lämna dessa människor med sina drömmar. Drömmar som nog inte skulle komma att uppfyllas under lång tid. Jag kände skuld över att ha utsatt dessa människor för fara - jag hade kunnat förutse detta, om jag hade använt min gåva för att se in i framtiden. Men jag visste också att jag för det mesta undvek att använda den här gåvan, eftersom livet förlorar sin friskhet när man vet. Att veta gör en helt uppslukad av framtiden, och man förlorar kontakten med sin fria vilja.

Men nu slöt jag ögonen, och jag beslöt mig för att se på min framtid efter morgondagen. Jag såg mig själv sitta högt över molnen, i ett urgammalt hus byggt av gigantiska stenskivor. Jag såg att jag skulle lära mig ytterligare ett nytt språk, och jag skulle komma att lära mig ytterligare ett nytt sätt att tänka igen. Jag skulle komma att vara där under lång tid, och min förståelse skulle komma att djupna.

- "Ni tänker leda oss till en väg mot bergen i Nepal", sade jag, "till en plats som andas fred, till Muktinath där Shakyamuni den Upplyste levde."

Kumara såg ut som fallen från skyarna, han stirrade vilt på mig och nästan skrek:

- "Vem har sagt det här till dig? Vi har inte berättat det för någon!"

Jag log och sade

- "Min Fader håller sin hand över mig, och Han leder er att fullfölja sina planer. Tiden har kommit för nästa milsten på min väg. Allt som händer är för vårt eget bästa."

Kumara knäböjde framför mig, och sänkte ned sitt huvud tills pannan nuddade golvet.

- "Mäster Issa, du är den Upplyste redan, du har passerat den sista milstenen. Jag är inte värdig att stå upp i din närvaro."

Jag ställde mig på knä på golvet framför honom, tog honom om axlarna, och reste upp honom igen. Jag omfamnade honom och sade:

- "Kumara. Dyrka mig inte. Jag förtjänar din respekt för min hängivenhet för dig. Jag förtjänar din kärlek för den kärlek jag känner för dig. Men du ska älska mig såsom du skulle älska en äldre bror. Det jag kan göra idag, kommer varje man och kvinna kunna göra i framtiden, och mer därtill, när portarna till himlen öppnas, och de vaknat upp från den bittra dröm den här världen är."

Kumara såg förvirrad ut, förlorad i motstridiga känslor, men efter ett tag började han att le lyckligt:

- "Issa, min broder. Det känns konstigt att säga så, men det känns bra. Och det känns sant. Låt mig åtminstone känna vördnad över hur långt du har kommit, och över att du kommer att komma ännu närmare sanningen."

Jag sade
- "Broder Kumara, vänd din vördnad mot vår Fader, som håller Sin hand över oss bägge. Den enda skillnaden mellan dig och mig är att jag färdats längre på min väg. Men du befinner dig på samma väg. Vår tid tillsammans här kommer att hjälpa dig och ditt folk att fortsätta att vandra den vägen."

Vi ställde oss bägge upp igen och såg i tystnad på varandra. Till slut skakade Kumara på huvudet, som att frigöra det från allt som pågick där inne, och han sade

- "Men igen, mäster Issa… min broder Issa. Det här är det viktigaste just nu: förbered inget, börja inte packa ned något, ändra inte era planer för i morgon. Om ni gör det kommer det bara att väcka misstankar. I morgon kväll, en timme efter solnedgången, kommer jag och andra att komma hit, och ni ska följa oss. Men kom ihåg: inga säckar, inga bärpåsar, bara de kläder ni har på er just nu!"

Vi omfamnade varandra en gång till, och Kumara rusade iväg, lika skyndsamt som han kommit.

Kapitel 8.   1 Ianuarius 780.
Fullständigt seende.

- "Mäster Issa. Du har varit hos oss i sex år nu, och vi har lärt oss många saker från varandra. Du talar pali utmärkt. Du har uppnått alla nivåerna i Dharmavinaya, och du har börjat din färd i Bodisattvayana-farkosten. Vi tror att du är nära det slutliga uppvaknandet. Vi har trott och hoppats att du skulle stanna hos oss."

Min tempelbroder, den gamla laman Devapala, Muktinaths förre abbot, och jag satt på tjocka pälsskinn på golvet i den lilla meditationssalen i tornet på Muktinaths bergstempel. Genom de smala fönsterspringorna kunde man se både bergstoppar och vattenfall. Jag förstod varför lokalbefolkningen kallade den här platsen "De Hundra Vattnen". Långt nedanför kunde man se huvudtemplet ligga i bergspasset.

- "Khensur Devapala", svarade jag, "mina år med er har inneburit det största lärande jag har upplevt under hela mitt liv. Och jag har känt en sådan frid och en sådan närhet till er alla här, som jag aldrig har upplevt någon annanstans. Om det ankom på mig, skulle jag inte kunna bli lyckligare än om jag fick sluta mina dagar här. Men det ankommer inte på mig."

Den gamla laman nickade och log. Men sedan blev han allvarlig igen och frågade:

- "Är det på grund av det som våra resande gäster berättade för oss, om lidandet ditt folk i Palestina får utstå? Jag förstod inte allt de sade. Berättade de något särskilt för dig som gjorde att du kom fram till det här beslutet? Hade de något budskap till dig hemifrån?"

- "Nej Khensur", svarade jag, "de hade inget budskap med sig, men jag får erkänna att när jag hörde hur mycket värre det har blivit hemma gjorde det mig sorgsen, och det har kanske bidragit litet till mitt beslut att resa hem."

Jag gjorde ett uppehåll för att tänka på hur jag skulle välja mina ord. Devapala var en mycket nära vän, en person som jag litade på fullständigt, den visaste personen jag mött under hela mitt liv. Men, jag visste att det jag skulle säga skulle stanna kvar här, det skulle komma att diskuteras bland klosterbröderna, och det skulle komma att dokumenteras i deras skrifter. Så det var viktigt att jag fick honom att förstå.

- "Jag har haft syner", började jag försiktigt, "syner om framtiden."

Devapala nickade:

- "Ja just det, det vet jag, vi har ju talat om dem. Vad har dina syner sagt dig den här gången?"

- "Den här gången", sade jag, "har de varit olika alla syner jag har haft tidigare. Jag har ju berättat för dig om den första jag hade, när jag var tretton år gammal, och om andra efter den. De innehöll alla många olika vägar, och jag kunde se hur olika beslut skulle leda mig in på olika vägar. Den längsta vägen, den som jag har färdats på ända tills nu, ledde mig hit, och härifrån fanns det förut åter många olika vägar. En av de här vägarna ledde tillbaks till Palestina, när jag skulle komma att möta min kusin Ohannes."

Laman höll ut sina händer med handflatorna uppåt, och sade:

- "Så det finns fortfarande olika beslut du kan fatta."

- "Nej", sade jag, "nu finns det bara ett val, att följa den enda vägen som finns kvar eller inte. I min senaste syn fanns bara en väg, och den här gången fortsatte den längre än någon av mina tidigare syner har visat mig. Den här vägen leder till slutet av mitt liv på jorden, och det är inte långt dit. Bara sju år."

Laman stirrade intensivt på mig. Han frågade strängt:

- "Och hur vet du att det du har sett inte är Maya på din Samsara?"

Jag log, och sade:

- "Khensur Devapala, min käre broder. Visionen visade mig att *allt* här är Maya. I den här visionen berättade min Fader för mig att inget här har någon inneboende mening. Meningen med vad det än är vi gör, är vad vi använder det till. Om vi använder det *bara* för att möta våra jordiska behov, kommer vi att förbli i Maya, som saknar mening och som därför inte har något värde. Men, om vi *också* använder det för att vakna upp och för att hjälpa andra att vakna, då har det mening. Vägen som jag nu har framför mig är den som kommer att visa var och en som vill lyssna hur man kan vakna upp till den verkliga världen, där lidande och död inte finns."

Lama Devapala slöt ögonen, och frågade tyst:

- "Och vad är det du kommer att göra?"

- "Jag kommer att resa tillbaks, och under resan hem kommer jag att så frön, genom att tala till människor. Många av de här fröna kommer att hamna på hälleberget och kommer aldrig att gro. Andra kommer att slå rot men kommer att ha hamnat bland tistlar och de små plantorna kommer att kvävas. Men några få kommer att hamna i bördig jord och de kommer att slå rot och växa till stora träd.

När jag kommer hem till mitt land kommer jag först att följa med broder Hoshea för att bo hos esséerna, sedan kommer jag att ansluta mig till en grupp människor som leds av min kusin Ohannes, och vi kommer var och en av oss att så många fler frön, runt om i landet. På grund av det, kommer de höga prästerna och romarna att känna sig hotade, och vi kommer bägge att dödas, först Ohannes, sedan jag."

Laman öppnade sina ögon och tittade på mig, tårar rann nedför de rynkiga kinderna. Han var tyst en lång stund, sedan sade han med dämpad röst:

- "Och där finns ingen annan väg i din vision?"

- "Nej", sade jag, "där finns ingen annan väg, för det här är Den Enda Vägen. I den här jordiska existensen kan jag inte uttrycka i ord, inte heller visa i handling, vad Sanningen är. Ingen kan det. Men det jag kommer att säga, och det jag kommer att göra, kommer att *peka* mot Sanningen, så att människor ska kunna finna den själva. Men var inte sorgsen, broder Devapala, jag sade att vägen leder fram *till* slutet av mitt liv på jorden. Den slutar inte där."

Han såg förvånad ut, stirrade på mig och utropade:

- "Vad såg du mer?"

- "Jag kommer att bli mitt Sanna Jag, som är Ande. Som sådan kommer jag kunna välja att visa mig för dem som fortfarande är kvar i Maya. I min vision, såg jag mig själv visa mig i den kropp jag vistas i nu, först för de tolv lärjungar jag kommer att ha bett följa mig, sedan för resten av de som följt mig. Jag kommer att visa på ett sätt som ingen kommer kunna missförstå, att döden är en del av Maya, den är illusion helt och hållet. När jag visat detta för dem, kommer deras ögon att öppnas, och de kommer att sprida det här budskapet över hela världen."

Den gamle munken ställde sig upp, hans händer skakade. Han sade långsamt, som med yttersta ansträngning:

- "Men ... om det du säger är sant ... då är du en inkarnation av Shakyamuni, en Buddha!"

- "Ja", sade jag lugnt, "det är jag. Men jag ska inte dyrkas. Jag är inte olik dig, inte olik någon annan. Eftersom min Fader vill det, har jag bara kommit längre alla andra på jorden just nu."

- "Och om det du säger är sant, så är inte din död något offer."

- "Nej", log jag, "det är det inte. Den kommer att göra ont, och jag kommer förmodligen att vara svag ibland och ångra att jag beträdde den här vägen med öppna ögon. Men, nej, den är inget offer. Min död och min uppståndelse *är* budskapet."

Laman satte sig åter ned på skinnet och vek in benen under sig, som om han skulle börja meditera, och sade:

- "Bodisattva Issa. Vi kommer behöva tala om det här, mycket mer. Men just nu kan jag inte ta in mer. Jag behöver gå in i kontemplation en stund, för att kunna komma fram till vad jag ska göra med det som uppenbarats för mig. Gör du mig sällskap?"

Jag nickade, och placerade mig också i lotusställning, och slöt mina ögon. Vi satt tysta under lång tid. Jag använde tiden till att fokusera på det närvarande ögonblicket, på så sätt kunde jag under en stund befria mig från den fruktansvärda bördan av att kunna se in i framtiden. Jag kände Gudomlig energi i allt, jag kände Kraften med vilken vi Gudomliga Varelser har byggt upp universum av materia ur det som våra jordiska sinnen ter sig som tomhet.

I det att jag vilade i denna Närvaro, sjönk jag ned i den fullständig Inre Friden i att vara Ett med min Fader.

Efter lång tid, öppnade jag långsamt ögonen igen. Jag såg att tiden, som vanligt i mina meditationer, hade passerat utan att jag märkt något - det var redan skymning, och himlen hade blivit mörkt blå; de första stjärnorna syntes genom de östra fönsterspringorna.

Den gamle munken hade tänt en oljelampa, och han satt och tittade på mig. Han sade:

- "Jag vill tacka dig för att du har hjälpt mig att bli mer vaken än jag någonsin varit. Jag vet att det du sett är Sanningen. Och jag vet att jag har upplevt något som ingen före mig någonsin har upplevt: att *möta* Sanningen. Du talar inte bara om Sanningen, du *är* Sanningen. Men som du säger, det kan inte uttryckas i ord. Men det kommer att förbli i mitt hjärta."

- "Jag älskar dig", sade jag, "men inte bara som den munkbroder du är, eller som den far du har varit för mig här. Jag älskar dig för den Eviga Ande du är, ett med mig och ett med vår Fader."

- "Jag känner din kärlek", sade Devapala, "och jag älskar dig på samma sätt. Och den här kärleken visar mig att det här är Kraften som väcker. Kraften som kommer att hjälpa var och en att se med nya ögon på sin medmänniska som sin bror eller syster.

Den här Kraften är Medkänsla och Kärlek, och vi behöver inte lära oss den, men vi behöver hitta den inom oss."

- "Men", fortsatte han, "jag sade att jag skulle meditera över vad jag skulle *göra* med det här. Så länge som vi är kvar i det här universumet av materia, måste vi agera konkret. Först, så måste vi förbereda din och mäster Hossas resa hem. Det kommer att ta några veckor, innan vi har kunnat ordna allt. Det är bra, för jag kommer också behöva tala med dig om vad vi ska föra in i våra skrifter. Att ha haft en Boddisattva boende här måste dokumenteras ordentligt. Men, jag tror att det du berättat om din väg och om din kroppsliga död, det föredrar jag nog att utesluta. Risken för missförstånd är alltför stor."

Jag kände mig så tacksam över lama Devapalas kombination av stor visdom och hans jordnära praktiska sinne, och jag skrattade och omfamnade honom.

- "Jag litar fullt ut på att du kommer att skriva det på ett bra sätt. Och tack för din visdom, din del i allt det här har varit av oskattbart värde. Men nu, låt oss gå ned igen och förena oss med de andra till kvällsmålet."

- "Ja", svarade han, "låt oss göra det. Vi har faktiskt planerat att fira den första dagen i er kalender genom att bjuda er på speciell mat idag, och vi har till och med sparat av vinet våra resande gäster gav oss."

Långsamt, för att inte snubbla i den mörknande skymningen, beträdde vi den smala stigen ned till bergspasset, under det att vi småpratade, som de gamla vännerna vi var, om ditt och datt.

Kapitel 9. 27 December 27 783.
Döparen.

- "Jag tror, Ohannes", sade jag, "att tiden nu är mogen för mig att bli döpt."

Vi satt utanför Ohannes tält i ett stort ökenläger, nära Bethabara strax öster om Jordanfloden. Jag hade anslutit mig till honom när han och hans följe hade passerat Qumran på sin väg norrut. Fyra månader tidigare hade jag rest från Nazareth för att vara med Hoshea igen, och för att bo med esséerna i Qumran, där jag ägnat mig åt att studera deras stora samling med bokrullar.

- "Du!" sade han med ett frågande uttryck i ansiktet, "Du har hjälpt mig att döpa tusentals. Varför skulle jag, som inte är så nära vår Fader som du, döpa dig? Det är *du* som borde döpa *mig*. Nu vet jag säkert, det jag vetat i mitt hjärta hela livet tror jag, att du är den sanne Messias. Folk kallar *mig* det, men jag säger dem att efter mig kommer en vars sandaler jag inte är värd att knyta ens."

Jag reste mig från där jag satt och satte mig ner på hans matta. Jag lade min arm över hans axlar och sade

- "Ohannes, min kära kusin. Min andlige broder. Vi har talat om detta många gånger. Jag vet att du fortfarande tror att din uppgift i allt som händer är att förbereda vägen för den Messias du tror ska komma, den Messias som ska befria vårt folk från romarna och som kommer att upprätta ett nytt Israel."

- "Hur kan jag tro annat", utbrast Ohannes, "när profetiorna bekräftar alla tecken! Skrifterna säger ju: Det skall komma en tid, säger Herren, då jag skall låta ett rättfärdigt skott växa ur Davids stam. Han skall vara konung och härska med vishet och skapa rätt och rättfärdighet i landet. Under hans tid skall Juda vara skyddat och Israel leva i trygghet."

- "Man ser det man tror på", sade jag, "och det här är något så många tror och har trott under så lång tid. Men jag måste säga dig igen, det kommer aldrig att komma en sådan Messias. Jag är Väckaren och jag behöver inte skapa en ny värld, för att världen jag talar om finns redan, i våra hjärtan. Men du har en viktig uppgift i att förbereda vägen för Väckaren. Människor ser dig som en helig man, och du ser mig som ännu heligare. Sanningen är att vi är alla *lika* heliga!"

Ohannes satt tyst en lång stund. Sedan vände han på huvudet, såg mig i ögonen och sade

- "Men att du är helig, den sanningen kan du inte ta ifrån mig."

- "Nej Ohannes", sade jag, "men jag vill att du ser *hela* sanningen: som jag är helig, Allahs Sanne Son, så är du. Och så är varje människa på jorden, judar och hedningar lika."

- "Hur kan romarna vara Allahs söner!" utropade Ohannes. "En Sann Son av Allah syndar inte, han bryter inte mot de Heliga Budorden!"

- "Synd", sade jag långsamt, för att låta det jag sade få sjunka in, "existerar inte annat än i vårt fördömande av våra bröder och systrar. Synd vore att skada vår Fader, och Han kan inte bli skadad. Vi begår misstag, ibland fruktansvärda misstag. Men om vi inte kan förlåta till och med de största misstagen, kan vi aldrig väcka våra bröder och systrar till att inse vilka de egentligen är."

- "Men de som begår de här misstagen, som du kallar det, de borde fortfarande erkänna sig syndfulla!" invände Ohannes argt.

Jag ställde mig upp igen, och sträckte på ryggen som hade blivit stel av att sitta, och jag sade:

- "Om du med att erkänna sig syndfull menar att ångra sig, håller jag med. Så länge de känner sig rättfärdiga, och hittar på skäl för att försvara sina skadliga handlingar, kan de inte känna ånger. Om de inte kan känna ånger, kan de varken förlåta sig själva eller acceptera förlåtelse från andra. Och om de inte kan förlåta sig själva kan de inte vakna."

- "Och hur skulle de någonsin göra allt det här?" frågade Ohannes föraktfullt. "Hur kan vi någonsin kunna få dem att göra det?"

- "Det *enda* sättet är förlåtelsen. Om du verkligen förlåter din broder, vilket betyder att du ser honom som fri från synd, och att du betraktar det onda han kan göra som det misstag det är. Och att du ser att han håller sig fjättrad genom att vara rättfärdig. Det enda jag känner när jag ser någon som fjättrar sig själv är medkänsla."

- "Vi är olika slags krigare, du och jag", sade Ohannes, fast med ett leende. "Du strider med kärlek, jag strider genom att försöka skaka om människor för att de ska vakna."

- "Det är som det ska vara", sade jag, "att vi har olika roller i det uppdrag du och jag bägge ska fullborda. Men jag säger dig, Ohannes, att om du inte släpper ditt fördömande av andra, kommer du att bringa lidande över dig själv."

Det jag hade sett i mina syner, om de olika vägarna i Ohannes framtid, gjorde mig ledsen och frustrerad - om jag bara kunde få honom att förstå.

- "Det får vara som det vill, vad som än händer, så kommer det att vara Allahs vilja", muttrade Ohannes.

- "Det både är det och är det inte", sade jag, "för det är också Hans vilja att vi ska ha en fri vilja och att vi tar våra egna beslut. Om vi inte kunde göra det, skulle vi aldrig lära oss något och vi skulle aldrig kunna vakna upp. Men återigen, Han kommer att låta oss möta samma val gång på gång, tills vi lärt oss vår läxa."

- "Det där är något du nog har lärt dig i Österlandet", sade Ohannes, "och som jag inte kan tro på - att vi kanske lever många liv, och att vi genom det möter samma läxa gång på gång. Jag tror att vi har det här livet, det här enda tillfället, och om vi inte gör bot, så är det slutgiltigt! Slutet är nära!"

- "Låt oss inte argumentera om det här", sade jag milt, "det är mer invecklat än jag tror att du inser. Jag själv, jag har vaknat upp till och med ur den här tron, och det här livet kommer att vara det sista jag lever här på jorden."

- "Det du talar om är bortom vad jag är i stånd att förstå, Yeshua. Men du har rätt - låt oss inte argumentera. Jag känner att på någon nivå är vi överens. Men återigen, varför vill du att jag ska döpa dig?"

Jag satte mig åter ned framför honom, och sade

- "För att du är Ohannes Döparen. När människor ser dig döpa mig kommer det vara en signal för vårt Uppdrag att ta form. Jag behöver själv den här signalen, som ett budskap till de oklara delar av min själ som fortfarande irrar i mörker, och som fortfarande inte förstår mitt Uppdrag."

- "Har *du* oklarheter inom dig?", frågade Ohannes och såg skeptisk ut. "Jag trodde att dina tankar var så klara att de till och med retar upp den Onde."

- "Den Onde, liksom synd, finns inte heller", förklarade jag tålmodigt. "Tron på Djävulen är något människan från tidernas begynnelse har hittat på, så att de skulle kunna slippa se de här dolda tankarna inom sig själva. Vi har alla en gömd del av vår själ som förleder oss till att ha felaktiga tankar, och som sedan får oss att bete oss kärlekslöst."

- "Så genom att låta mig döpa dig, så skrämmer vi bort Djävulen ur dig?" frågade Ohannes och log åt sitt eget skämt.

- "Ja", sade jag uppriktigt, "om du med Djävulen menar de oklara tankar jag fortfarande kan ha om mig själv. Jag behöver bli en bägare som innehåller enbart klart vatten."

- "Och hur kommer det här att hända bara genom att jag döper dig?", frågade Ohannes.

- "Det kommer inte att hända genom dopet i sig", sade jag, "men som jag sade, dopet kommer att vara en signal både till andra och till mig själv. Efter dopet kommer jag att vandra ut i öknen österut härifrån och vara för mig själv, ensam med mina tankar, som du gjorde själv för länge sedan. Och jag kommer att stanna där tills all smuts har sjunkit undan från mina tankars klara vatten."

- "Jag hör att det här är något Allah har planerat för dig, och jag känner mig ödmjuk inför att jag får ha en uppgift i detta", sade Ohannes stilla. "När kommer tiden för det här vara inne?"

"Två veckor från idag", svarade jag, "och jag skulle vilja att du också sänder en budbärare till Nazareth, eftersom jag vet att min äldste bror Hakob och min yngste bror, Yehudah, önskar bli döpta också."

Ohannes och jag fortsatte att tala om detta under resten av kvällen. Han accepterade det mesta av det jag sade, men kunde fortfarande inte till fullo acceptera att Messias aldrig skulle komma.

Innan vi drog oss tillbaks in i vårt tält, hade Ohannes sett till att en av hans lärjungar skulle färdas till Nazareth nästa morgon.

Kapitel 10. 13 Ianuarius 784.
Öknen.

Min Faders timme hade kommit, och jag stod på Jordanflodens östra strand tillsammans med min mor Miryam och mina bröder Hakob och Yehudah.

Vi hade inte setts på ett helt år, så vi hade talat med varandra hela morgonen. Hakob, som var tjugoåtta, såg likadan ut, men min bror Yehudah hade växt till att bli en man sedan jag såg honom senast, han var nu arton.

Vi hade talat om Nazareth och om våra släktingar, men mest hade vi talat om Ohannes och den stora uppmärksamhet hans predikningar och hans tal om att födas på nytt hade fått över hela Palestina. Miryam förklarade sig vara nöjd med att åse sina söner bli döpta, men hon var lika upplivad som Hakob och Yehudah över det som skulle hända snart.

Vi trängde oss genom den täta ansamlingen av folk, tält, eldstäder, allehanda utrustning, och gick mot platsen där Ohannes stod ute i vattnet. När vi närmade oss, kunde vi höra hans starka röst just som han drog upp en person ur vattnet, i vilket han strax innan hade tryckt ned honom fullständigt:

- "Härmed döper jag dig, Jason bar Jacimus från Kapernaum, och du kommer att från denna dag vara nyfödd i Allahs ögon!"

Jag kände igen namnet, och snart såg jag att det var den Jason jag hade mött i templet, mer än tjugo år tidigare. Trots att han var dyblöt, såg han likadan ut, fast med många gråa hårstrån i skägget och vid tinningarna. När han kom vadande närmare stranden, fick han syn på oss, och han kände först igen min mor, sedan tittade han på mig:

- "Yeshua! Du är här! Jag hörde att du hade förenat dig med din kusin Ohannes Döparen, och jag hoppades så att få träffa dig här."

Vi omfamnade varandra, han hälsade på min mor, och jag presenterade honom och mina bröder för varandra. Vi gick iväg från oväsendet omkring Ohannes, för att kunna tala utan att höja rösten. Han arbetade fortfarande i templet, men sade att han nu planerade att dra sig tillbaks, och att flytta tillbaks till Kapernaum. Han hade hört om min resa till Österlandet och var ivrig att få höra om den, men jag sade

- "Jason, kära vän. Tiden är inne för mig att bli döpt, och efter det måste jag ge mig iväg med en gång, men jag lovar dig, jag kommer och besöker dig i Kapernaum snart."

- "Yeshua. Förra gången jag mötte dig var du redan vis. Nu längtar jag efter att få ta del av hur din visdom vuxit än mer. Se på dig - bara trettio och redan mer vittberest och erfaren än någon jag mött! Men du ska inte bara hälsa på, jag inbjuder dig att komma och bo hos mig, och om du har sällskap har jag rum i mitt hus för dem också."

Jag tackade honom varmt, vi omfamnade varandra igen, och jag återvände till stranden med min mor och mina bröder.

När vi kom närmare, kunde vi höra Ohannes röst igen, och oväsendet hade avtagit, eftersom han gjort ett uppehåll i döpandet, och han stod i vattnet och talade med folket omkring. Och när vi kom så nära att man kunde höra honom tydligare, hördes han säga

- "...yxan är redan satt till roten på träden. Varje träd som inte bär god frukt skall huggas bort och kastas i elden."

En man i folkmassan frågade

- "Mästare, vad ska vi göra då?"

Ohannes svarade

- "Den som har två livklädnader skall dela med sig åt den som ingen har, och den som har mat skall göra på samma sätt."

En man klädd som en skatteindrivare höjde sin röst och frågade

- "Jag har det avskydda yrket att samla in skatt åt romarna. Kommer jag bli straffad för det i himlen? Vad ska jag göra?"

Ohannes sade

"Samla inte in mer än vad som ankommer dig att göra."

En soldat frågade
- "Vi är inte högre älskade än han. Vad ska vi göra?"

På vilket Ohannes svarade

- "Våldför er inte på någon och pressa inte ut pengar från någon, utan nöj er med er lön."

Nu fick Ohannes syn på mig och sade med hög röst:

- "Här kommer han som kommer efter mig men som har överträffat mig eftersom han kom före mig! Han är den som borde ha döpt mig, och han döper inte i vatten, som jag. Han döper i den Helige Ande och i eld."

Jag svarade, med samma höga röst:

- "Jag är samma som alla andra här. Vi är alla Allahs Barn. Som en broder, vill jag börja på nytt idag, och bli döpt tillsammans med mina bröder och systrar. Men före mig, döp mina två yngre bröder här!"

Och jag lät Hakob och Yehudah komma förbi mig, och Ohannes döpte dem bägge, och utropade efter att var och en av dem dragits upp ur vattnet:

- "Härmed döper jag dig, Hakob bar Yosef från Nazareth, och du kommer att från denna dag vara nyfödd i Allahs ögon!"

- "Härmed döper jag dig, Yehudah bar Yosef från Nazareth, och du kommer att från denna dag vara nyfödd i Allahs ögon!"

Droppande av vatten gick de tillbaks till mig och vi omfamnade varandra. Jag sade tyst till dem:
- "Tag nu hand om vår mor. Jag kommer att lämna er nu, för att möta mig själv i öknen. Vi kommer att ses igen i Nazareth."

Och med detta, vadade jag mot Ohannes, som utan dröjsmål tog mig runt axlarna och sänkte ned mig djupt i vattnet. Med hans händer kvar på mina skuldror ställde jag mig upp och såg upp mot himlen. Det kändes som om vattnet tvättat rent mina tankar helt och hållet. Det hade blivit fullständigt tyst omkring oss, så Ohannes behövde inte ropa den här gången när han sade:

- "Härmed döper jag dig, Yeshua bar Yosef från Nazareth.
Du är Allahs förstfödde, Hans älskade Son.
Mästare, gå åstad, och låt det bli fullbordat."

Jag kunde känna hur den gamla elden tog fart i min mage, och jag kände hur den spred sig uppåt. Den brände inte, det var ett slags eldsljus, och jag kom plötsligt ihåg min mors ord från min barndom: 'Ett vitt, varmt ljus som var starkare än något jag någonsin sett, men som varken brände eller bländade'.

Jag vände mig mot människorna, som stod fullständigt stilla och tysta. Alla såg på oss, på mig och Ohannes. Jag kunde se samma ljus skina ut ur var och en av dem, som om deras hjärtan varit stjärnor, som strålade med ett tyst ljus.

Jag vadade långsamt mot stranden, och när jag kom upp på torr mark, flyttade människorna sig tyst åt sidan, och jag gick genom folkmassan. Jag tog upp min mantel från marken och satte på mig mina sandaler. Utan att se mig om, gick jag ut mot öster, ut i öknen.

Långsamt vandrade jag hela dagen, och när natten kom, sov jag under några träd, eftersom jag inte hade nått själva öknen än.

***

Dagen efter kom jag fram till öknen. Jag hittade en liten bäck, drack mig otörstig, och fortsatte österut, ut på sanddynerna.

Under de följande dagarna vandrade jag omkring utan mål. Ibland föll ett lätt regn, och jag kunde hitta vatten att dricka i små vattenpölar på stenig mark. Nätterna var ibland kalla, och jag svepte min mantel tätt omkring mig. Under min vistelse hos Ohannes hade jag lärt mig vilka rötter och löv jag kunde äta, och hur att finna Jordandalens långsprötade vårtbitare, en av de få ätbara insekter som fanns att tillgå här.

Men, trots att jag hittade litet att äta och dricka, blev jag snart mycket hungrig och törstig. Efter ytterligare flera dagar blev det här värre och värre, tills jag hade en ständig smärtande kramp i magen, och jag blev tvungen att gå framåtlutad för att lätta litet på smärtan.

Tanken kom till mig:

- "Om du är Allahs Förstfödde Son, så har du ju skapat allt det här. Om du så önskade, skulle stenarna på marken här kunna förvandlas till vetebröd."

Tanken gjorde att jag tydligt kunde känna doften av nybakt bröd, och spottkörtlarna i min torra mun gjorde ont när de förgäves försökte producera saliv.

Men min ständiga eld inom mig övergick i vrede, och jag svarade den inre rösten, med hög röst:

- "Om jag äter av det här brödet kommer det att bli verkligt för mig, och jag kommer bli fjättrad!

Människan behöver inte bröd allena för att leva, eftersom sant liv är av anden."

***

Och jag fortsatte min vandring utan mål, många timmar varje dag. Nätterna bjöd på klar himmel, och nätterna var därför mycket kalla. En natt var det kallare än vad det varit tidigare nätter, och trots min tjocka mantel huttrade jag, och tanken kom till mig:

- "Om du är Allahs Förstfödde Son, så har du skapat allt det här. Om du så önskade, skulle här kunna finnas en värmande eld, en eld som aldrig slocknar."

Och jag kunde känna den underbara värmen från en osynlig källa, som om någon hade gömt en eldstad bland stenarna omkring mig.

Men som förut, steg en vitglödgad vrede upp i mig, och jag svarade rösten:

- "Om jag värmer mig vid denna eld, kommer den att bli verklig för mig, och jag kommer att fjättras!

Människans sanna värme är Kärlek, och hon behöver inget annat för att hålla sig varm."

***

Efter många dagar kom jag fram till en bergskedja. Jag hade sett bergen under många dagar i öster, hur de steg upp högre och högre för varje dag.

Jag var nu mycket svag, och jag använde en gren som jag hittat för att stötta mig. Jag gick in i en dal, där sluttningen ledde upp till ett pass i de höga bergen framför mig. Det tog mig flera dagar att nå upp till bergspasset, och därifrån tog det ytterligare en hel dag att nå upp till toppen på ett av bergen. När jag anlänt dit, hade det nästan blivit helt mörkt, och jag fann en grund klyfta som gav lite skydd mot den kalla vinden, och i vilken jag kunde lägga mig att sova några timmar. Jag vaknade tidigt på morgonen, iskall, yr och svag av hunger.

Långsamt klättrade jag upp den sista biten, och stod på toppen och såg på solen när den gick upp över horisonten i öster. Det kändes som om hela världen låg utsträckt under mina fötter, långt där nere. Jag kunde se hur solens strålar speglades i avlägsna bäckar och sjöar, jag kunde se andra sidan av öknen, bortom vilken skogar och åkrar fortsatte.

Tanken kom till mig:

- "Om du är Allahs Förstfödde Son, så har du skapat allt detta. Om du så önskade vara där nere utan att behöva kämpa mer, skulle du bara kunna kasta dig ned här, och Allahs änglar skulle skydda dig och föra dig ned helbrägda. Dina gudomliga syner har visat dig att du kommer inte att dö nu, och du vet att dessa syner är sanna."

Jag hade börjat känna den här rösten väl, och jag visste att bara genom att gå i svaromål så skulle den ge upp. Jag kände jag mig inte lika arg som förut, men jag svarade ändå den inre rösten:

- "Om jag tillåter mig själv frestelsen att utforska mina krafter, kommer jag att använda dem på sådant som inte är verkligt, och mina krafter kommer få mig att tro att jag *är* Allah, och jag kommer att vara fjättrad igen.

Om det är Allahs vilja att jag ska vara på ett visst ställe, kommer Han att föra mig dit."

Men, den här gången gav rösten inte upp som förut. Plötsligt kunde jag se mig själv stå framför mig, svävande i luften över den djupa klyftan framför mina fötter. Mitt andra jag var klädd i en bländande vit klädnad, men vackra gyllene stickningar runt mantelfållen. Hans hår var kammat i långa lockar, hans ögon lyste av mild välvilja och med en mjuk men tydlig och hög röst sade han:

- "Du är Allahs Förstfödde Son. Du har gudomlig makt över dina bröder och systrar, och du har makt att skapa ditt eget konungarike. Allt du ser härifrån kan bli ditt. Du har vigt dig att fullfölja ditt gudomliga uppdrag här, och ditt konungarike kommer vara längre än romarnas!"

Jag svarade honom, kall av vrede, långsamt, ett ord i taget:

- "Om jag skapar ett kungarike på jorden, kommer jag och alla andra fjättras av lidande och död.

Jag har vigt mig bara för Allahs Sanna Kungarike som du inte vet något om.

I all din prakt är du bara död och overklighet!"

Vid dessa ord krympte han och blev mindre, yngre, till där bara stod en liten darrande pojke, alldeles nära mig, på kanten av stupet. Han såg så klen ut, att minsta vindpust skulle kunna kasta honom över kanten, och fått honom att falla till sin död, hundratals alnar nedanför.

- "Jag vill inte dö…" snyftade han.

Att se honom fyllde mitt hjärta med medkänsla och kärlek, och jag sade:

- "Du vet inget, för du är bara ett barn. Kom till mig så ska jag beskydda dig."

Och jag tog honom i min famn, och han kröp ihop vid mitt bröst, jag kunde känna hur han slappnade av. Jag hörde honom sucka djupt, och han återvände in, in i mig. Och en tanke kom, stark och klar, och jag visste att detta inte var en tanke jag skapat själv:

- "Ingenting verkligt kan hotas.

Ingenting overkligt existerar.

Häri ligger Guds frid."

***

Efter det här, kom rösten aldrig tillbaks. Trots min utmattning, yr av svält, läpparna med blödande sprickor eftersom jag inte hittat vatten under många dagar, så kände jag en djup inre frid, en frid så djup och tyst som jag aldrig känt förut.

Jag återvände västerut, och gick så fort mina minskande krafter tillät. Vädret hade blivit molnigt, så nätterna var inte lika kalla som förut, och jag kunde snart allt oftare hitta vatten att dricka, men syrsorna verkade ha försvunnit, så jag var matt av hunger.

Efter många dagar nådde jag äntligen skogen väster om öknen igen, och jag kunde hitta ätbara rötter där. Trots det, var jag så utmattad att jag knappt kunde gå, med mina sista krafter tog jag ett steg i taget. Det gick långsamt framåt, och ibland var jag inte ens säker på om jag gick åt rätt håll.

Men jag misströstade aldrig, för min vision om mitt Uppdrag fanns ständigt tydlig i mitt sinne, och under långa stunder måste jag ha vandrat helt i blindo, helt inne i mina syner om framtiden.

Jag tappade helt uppfattningen om tid; dagar och nätter passerade, som om solen börjat flyga snabbare över himlen. Jag hörde röster, och först trodde jag att den inre rösten hade återvänt, och mitt hjärta började slå hårt. Men jag lyckades öppna ögonen, och jag såg män närma sig. Jag kände igen deras grova klädnader, och visste då att de var från Ohannes läger. I min lättnad, rann mina sista krafter ur mig, och jag svimmade.

Kapitel 11. 28 Februarius 784.
Uppdraget begynner.

- "Du var borta i fyrtio dagar", sade Ohannes. "Du har varit där ute ofta förr, gick du vilse för att du blev så svag?

Jag hade vaknat dagen före, och funnit mig vara i Ohannes tält. Jag var fortfarande där nu, jag låg på en trave av tjocka mattor, med två pälsskinn över mig. Trots det frös jag. Att inte känna mig törstig och hungrig var en lättnad, men jag kände mig så svag att jag inte ens kunde höja mitt huvud för att se på Ohannes, som satt vid tältöppningen och tittade ut.

- "Nej, jag fann min Väg", svarade jag, "Jag fann vägen till mig själv där ute. Men ibland måste man färdas långt för att inse att man har förblivit på samma ställe där man alltid har varit."

- "Nåväl, nu måste du verkligen förbli på samma ställe", svarade Ohannes retsamt, "du är för svag för att göra något annat än att förbli här och låta oss mata dig. Du var avsvimmad under de fyra första dagarna här, vi var inte ens säkra på att du skulle överleva."

- "Tack, Ohannes, min andlige broder, för din omsorg. Och för att äntligen ha fått mig att anträda min Väg", sade jag. "När jag är uppe på fötterna igen, kommer jag att fortsätta min färd."

Ohannes gick fram till mig och satte sig bredvid, och sade, med rynkade ögonbryn:

- "Jag trodde att vi skulle predika tillsammans, att vi har samma Uppdrag, det som vår Fader givit oss."

- "Vi har samma Uppdrag, Ohannes", svarade jag, " med det här Uppdraget kräver av oss, av dig och mig, att vi ska färdas till olika platser."

- "Ja, jag vet att *jag* måste fara vidare i alla fall", sade Ohannes, "fler och fler av Herodes Antipas soldater har varit här och ställt frågor sedan du lämnade oss. Det som hände här när jag döpte dig har givit upphov till många berättelser. Några av dem har jag hört, och även om många är sanningsenliga, låter många mer som myter med trolldom och magi. Och många av de här berättelserna pekar ut mig som tillskyndare av judarnas nya kungarike, trots att jag nu har förstått att ditt mål är en förändring av människors sinnen snarare än en förändring hur landet ska styras. Många har till och med frågat om jag är den nya Messias eller om jag är Elijah som återvänt."

- "I mina syner av vad som kan komma att hända, och lyssna på mig, Ohannes", bönade jag, "vad som *kan* komma att hända, så har jag sett att Herodes Antipas är en fara för dig. Jag tror att du måste lämna Judea och Perea och färdas söderut. När jag har återfått mina krafter, tänker jag färdas norrut mot Galliléen."

***

- "Vad menade Rabbouni Ohannes när han sade att du kommer efter honom men att du har överträffat honom för att du var före honom?"

Jag satt vid lägrets eldstad och åt frukost tillsammans med några av Ohannes lärjungar. Jag hade varit på fötterna en vecka nu, och hade känt mig starkare för varje dag som gått. Den som frågade mig var Andreas från Beth-Saida, en fiskare som anslutit sig till Ohannes många år tidigare.

- "Vad säger han själv?" frågade jag tillbaks.

Andreas svarade

- "Han sade förut att du är Messias, den som kommit för att befria oss och för att bygga upp vårt nya kungarike. Men nu har han börjat tala om ett inre kungarike, ett rike av Allahs frid."

- "Jag har överträffat honom för att jag har aldrig lämnat det här Inre Kungariket", sade jag, " och jag har fått Uppdraget från Allah att väcka alla. Ingen har någonsin lämnat Allahs Kungarike, och att vakna till denna sanning är att bli frälst från lidande och död. Så Allah har inte bett mig att bli er Messias. Han har bett mig att bli er frälsare. Följ mig och bli en fiskare som fångar förlorade själar, Andreas!"

Andreas stirrade på mig, som om mina ord var obegripliga för honom. Sedan började han långsamt att le, och sade

- "Mäster Yeshua, jag vet att mäster Ohannes tror att du och han delar samma Uppdrag, och jag vet i mitt hjärta, när jag hör dina ord, att mitt uppdrag nu är att följa dig. Jag kommer att tala med mäster Ohannes om detta och om min äldre bror Shimon och vår nära vän Philippos, som också är från Beth-Saida. Jag vill att de kommer hit och talar med dig."

Jag omfamnade Andreas, och jag kysste honom, och sade

- "Andreas, jag har nu valt min första lärjunge, och jag är glad! Vi kommer att fara iväg till Galliléen i morgon, och jag tror många av er i Ohannes läger kommer att vilja följa med."

***

Andreas återvände efter en timme. Han hade talat med Ohannes, och han hade sedan talat med sin bror Shimon, som nu hade följt med honom tillbaks till mig. Vi hade suttit runt elden, och Shimon gjorde i ordning fisk att äta. Andreas hade tagit med sig bröd och torkat kött. Vi åt tillsammans, och vi talade med varandra under hela eftermiddagen, eftersom Andreas och Shimon hade många frågor.

Lika mild och vänlig som Andreas var, lika sträv och ifrågasättande var hans äldre bror, och han ställde många konkreta frågor om vilken slags planer jag hade gjort upp. Samtidigt kände jag att han hade samma slags inre eld som jag, och trots sin misstänksamhet, kände jag mer och mer tillit för den här stränge mannen.

- "Shimon", sade jag, "jag frågade din bror Andreas om han ville följa mig och bli en fiskare som fångar själar. Nu skulle jag vilja fråga dig detsamma."

- "Ja", svarade Shimon genast, "det vill jag gärna. Jag förvånar mig själv, eftersom dina svar på mina frågor har varit svåra för mitt huvud att förstå, men mitt hjärta förstår."

- "Shimon, min käre broder", sade jag, "jag är glad över detta. Du är min andra lärjunge. Jag kommer att kalla dig Shimon Petros, och på den klippa du är kommer min nya kyrka att byggas."

Jag och Shimon, som jag nu kallade Petros, fortsatte att prata, medan Andreas gick iväg för att hämta deras vän Philippos. Efter en stund kom han tillbaks med honom och med ytterligare en av Ohannes lärjungar, och när de fortfarande befann sig på avstånd, hörde jag den andra lärjungen säga

- "... kan något gott komma från Nazareth?"

När de hade satt sig med oss vid elden, sade jag

- "Välkommen Philippos, och välkommen Nethanel bar Talmai, israeliten utan svek!"

Mannen jag kallat Nethanel stirrade på mig och frågade

- "Hur visste du mitt namn, mäster?"

Jag sade

- "Jag såg dig under fikonträdet bara en stund sedan. Du satt där och tänkte på det du hört om mig, och du blev förvånad när Philippos kom och bad dig följa med, för att tala om att bli mina nya lärjungar."

Både Nethanel och Philippos stirrade på mig, och Nethanel utbrast

- "Mästare, du är Allahs Son!" och han gick ned på knä framför mig.

Jag skrattade, reste honom upp och omfamnade honom. Sedan omfamnade jag Philippos, och jag sade

- "Ja det är jag, och det är ni också. När ni inser det, kommer ni kunna göra vad jag gör. Men, välkommen till min flock, mina bröder. Ni är nu den tredje och den fjärde av mina lärjungar."

Vi fem satt resten av dagen och talade med varandra. Nethanel var till skillnad mot de andra en skriftlärd och kom från en familj av högre stånd, ursprungligen från Geshur. Nu bodde hans familj i Cana i Galliléen. Nethanel hade studerat skrifterna under många år, och han hade många frågor om mina tolkningar inom olika ämnen.

Philippos var fiskare liksom Andreas och Shimon, och hade varit tillsammans med Ohannes längre än de. Jag kände att han hade ett varmt hjärta men ett pessimistiskt sinne, och att en av hans avsikter med att följa mig var att undvika vedergällningar från Herodes Antipas mot Ohannes, även om hans viktigaste drivkraft fortfarande var hans hunger efter sanningen.

Innan vi återvände till våra tält för natten, berättade jag för dem att jag hade planerat att avfärden mot Galliléen skulle ske nästa dag.

***

Under den tid nästa dag när jag och Ohannes höll på att samla ihop mina saker från hans tält, kom många i hans stora följe för att tala med oss, och många frågade oss om de kunde följa mig i stället för att stanna med Ohannes och följa honom söderut.

Ohannes verkade mer lättad än besviken över detta, och från vad han sade under dagen förstod jag att han ibland upplevt ansvaret för alla dessa människor i sitt läger som en börda - hans grupp hade vuxit till storleken av en by, nästan tvåhundra män och kvinnor.

Vid tiden för min avfärd, hade jag en grupp med mer än sjuttio människor som tänkte följa mig norrut.

Kapitel 12. 14 Aprilis 784.
Miryam Magdalena.

- "Vi har färdats med dig i fem veckor nu, Rabbouni Yeshua. Mycket har hänt under den här tiden."

Vi satt, Miryam från Magdala och jag, i innergården på Jason bar Jacimus hus, där jag och mina tolv lärjungar bodde, som ärade gäster till Jason. Resten av gruppen bodde strax utanför Kapernaum, i ett tältläger bredvid hamnen, på stranden av Gallilé-sjön. Miryam hade varit något av en ledare för gruppen kvinnor redan i Ohannes följe, en roll hon hade fått i den här gruppen också.

- "Ja, det har det sannerligen", höll jag med, "vår färd fick en bra början i Cana, med bröllopet hemma hos Nethanels föräldrar. Det var verkligen något annat än vår magra kosthållning i Betania."

- "Är det verkligen så att du förvandlade vatten till vin där?" frågade Miryam. "Det har talats mycket om det i gruppen."

- "Nej det gjorde jag inte", skrattade jag, "men efter middagen undervisade jag Jason och de Tolv i Österns djupmeditation, och hur man kan varsebli illusionen i den jordiska verkligheten. Många av de Tolv har på kort tid blivit ganska duktiga i att uppnå det här inre sinnestillståndet, och jag tror att de tillsammans på något sätt lyckades förändra Nethanels verklighet, särskilt när han nåddes av budet att lastkärran han hade beställt med mer vin uteblivit."

- "I vilket fall, hur nu det här gick till", sade Miryam, "så är de flesta jag hört tala om det här övertygade om att du utförde ett mirakel, och de talar om det som ett tecken på ditt gudomliga ursprung."

Jag sade
- "Jag har ett gudomligt ursprung. Och det har du och alla andra också. Den enda skillnaden mellan oss är att jag *vet* det här som det faktum det är, medan andra kan tro eller inte tro att det är så. Det är skillnad på att tro och på att veta. Men, angående mirakler, det där var inget mirakel, det var magi."

- "Är inte det samma sak?" frågade Miryam, förvånad.

- "Nej", förklarade jag, "magi är något som förändrar det jordiska, på sätt som inte verkar stämma med sunt förnuft. Men det handlar fortfarande om den jordiska verkligheten, och tron på magi stänger fortfarande in oss i materiens kungarike, som handlar om ägodelar och om kroppen. Trollkarlar arbetar med magi, mirakelarbetare med mirakler."

- "Och vad är då mirakler?"

- "Mirakler är av anden", sade jag, "och ett mirakel är en djupgående förändring av sinnet och hur man uppfattar världen. Att i sanning förlåta en gammal fiende, och plötsligt kunna se honom eller henne med nya ögon, kan vara ett mirakel. Mirakler helar alltid själen, magi kan fjättra den, beroende på vad den används till. Magi som används för att väcka *kan* vara gott, men magi som används för att imponera fjättrar alltid. Mirakler, precis som magi, kan förändra den jordiska verkligheten och förändra kroppen, men detta är då bara något som är en naturlig följd av att sinnet förändras."

Miryam satt tyst en stund, i sina tankar, och sedan sade hon

- "Jag tror att jag förstår hur du menar. Men jag tror inte att de flesta av de Tolv ser det på det här viset. Jag tror att de som arbetar med händerna, som Shimon Petrus, Andreas, Philippos, Hakob den äldre och Ohannes, de förstår detta, kanske inte med sina huvuden men med sina hjärtan. De andra tror mer på vad deras huvuden säger dem, speciellt Nethanel och Te'oma Essén, och också Matthias, Hakob den yngre och Thaddeus. Shimon zeloten och Yehudah Iscariot, de tror bara på de magiska handlingar de vill att du ska utföra som judarnas blivande kung, när du kastar ut romarna."

- "Jag hör att du har lärt känna mina Tolv ganska väl, Miryam", log jag, "men det kan jag förstå att du har gjort. Jag har ofta sett dem sitta och prata med dig. Det verkar som dina förklaringar av min undervisning är lättare att förstå än när det kommer från mig."

- "Du har rest i världen", sade Miryam försiktigt, i det att hon sökte efter orden, "och ibland använder du ord och idéer som låter konstiga, och som strider mot sunt förnuft. Jag lyssnar på dig med mitt hjärta, och jag tolkar det aldrig eller jämför det med skrifterna, jag bara tar in det och om det känns rätt, kan jag sätta mina egna ord på det."

- "Du är min trettonde lärjunge och den jag värdesätter högst!" sade jag, och log ännu mer.

- "Tack mäster Yeshua", sade Miryam och rodnade, "men jag ber dig, säg inte detta öppet inför de andra. De Tolv kommer sluta prata med mig, och kvinnorna kommer att sprida rykten om dig och mig! Bara att sitta så här, ensam med dig i Jasons hus, även om vi är omgivna av tjänare, orsakar tillräckligt besvär för mig."

- "Jag förstår, och jag lovar", sade jag, "men säg mig, Miryam, vad är dina tankar om hur de Tolv blev mina lärjungar?"

Miryam satt tyst igen, i det att hon återvände till sina minnen av de veckor som gått.

- "När vi kom till Beth-Saida måste budskap om oss ha nått dit före oss, för jag blev verkligen förvånad när du talade med Hakob den äldre och med Ohannes i fiskehamnen, och de beslöt sig för att följa dig innan de ens talat med sin far Zebed. De måste ha hört om dig innan vi kom, och talat mellan sig om att följa dig. Det må vara så att Zebed är en rik man trots att han är fiskare, en som har råd med att anställa folk att göra arbete åt honom, men ändå... Jag vill inte tala illa om deras mor Salome, men det var svårt att inte skratta när hon senare hemma hos dem försökte få dig att utlova speciella titlar åt hennes söner i ditt kommande kungarike", skrockade Miryam.

- "De *kommer* att inneha speciella befattningar i framtiden, men inte på det sättet hon tror", sade jag, "men hur kommer du överens med Hakob och Ohannes själva?"

- "Jag älskar dem som vore de mina riktiga bröder. Jag vet att de kommer att följa dig vart du än kommer att gå. Men jag tror att de borde försöka tygla sitt humör ibland, speciellt Ohannes. Jag kan förstå varför du kallar dem Åskans Söner."

- "Sedan, när vi var tillbaks här i Kapernaum", fortsatte hon, "blev jag förvånad igen, när du bara gick fram till Matthias i hans skatteindrivningsbås på marknaden, och efter bara några få ord från dig, så reste han sig bara och följde med oss. Det där skulle jag mycket väl kunna kalla ett mirakel, inte för att jag hatar skatteindrivare - jag har aldrig haft mycket skatt att betala - men jag betraktar honom verkligen på ett annorlunda sätt nu. Och tack vare honom, genom att ordna den där festen hemma i sitt hus samma kväll, så anslöt sig hans vänner Hakob och Thaddeus också. Hakob den yngre är den första skatteindrivaren jag har mött som verkar ha mycket höga krav på sig själv att behandla andra väl.

- "Och Thaddeus, Hakobs yngre bror, då", undrade jag, "skräms du av hans tidigare förbindelse med zeloterna?"

- "O nej, inte alls", utbrast Miryam, "jag förstår inte hur han kunde vara med i den gruppen - den där rara, ömsinta, ödmjuke mannen. Han är ibland till och med lite barnslig, jag undrar om inte zeloterna använde honom bara för att han litar så på alla."

- "Jag älskar Thaddeus också", sade jag, "mitt Uppdrag kommer att behöva många som han... De återstående tre då?"

Jag hade lärt känna de Tolv väl, men jag kände också mig själv väl, som en som enbart ser människors själar. Jag värdesatte därför Miryams goda förmåga att se människors personligheter, som för mig fanns i bakgrunden av det jag uppfattade. Och det var ju så, att i det arbete vi hade framför oss skulle både själarna och personligheterna hos de Tolv få betydelse.

- "Yehudah Te'oma, som du träffade vid mötet med dina vänner Esséerna, där har du skarpsinne. Jag beundrar honom verkligen för hur han ifrågasätter dig; han är en som tvingar dig att använda ord man kan förstå. Och sedan när du gör det, ifrågasätter han dig fortfarande. Tar du inte illa upp när han gör så?"

- "Nej, alls inte", skrattade jag, "faktum är att jag tar aldrig illa upp vad någon än gör eller säger. Jag vet att *var och en, vad han än gör,* tror i sitt hjärta att det är rätt sak att göra. Men deras handlingar kan vara ett resultat av att betrakta världen, eller en specifik situation, på ett sätt som innebär ett misstag, och de här handlingarna kan skada andra. Men till slut, kommer skadliga handlingar bara skada en själv. I Österlandet kallar man detta Karma."

- "Jag minns att du talade om det här i Betania öster om Jordan", sade Miryam, "men nu förstår jag bättre hur du menar. Men ändå, blir du inte frustrerad av hans misstänksamhet?"

- "Nej, jag känner mig tacksam", svarade jag, "för att tack vare honom ökar allas förståelse och lärande. Hans värde för oss kan inte överskattas."

Miryam fortsatte

- "Shimon Kanaaniten and Yehudah Iscariot. De här två är de enda som ibland kan få mig att känna mig ängslig. De känns som hårda män, även om de aldrig sagt eller gjort något som skrämt mig. Jag antar att det jag påverkas av, är det jag vet om deras bakgrund som rebeller, och deras uttalade hårdhet mot romarna. Det är också för de här två jag har haft svårast att förklara vad du menar med Allahs Kungarike. De tycks tro, nästan som fanatiker, på dig som judarnas nya kung, här i Palestina."

- "Ja, jag vet", sade jag, och kände mig med ens lite trött. "Men återigen, det här är ett exempel till på hur det vi tror faller tillbaks på oss själva. De kommer att fortsätta att tro så, och det kommer att få dem att handla på sätt som kommer att göra att de skadar sig själva. Men även om det är så, så kommer allt som kommer att hända vara för vårt eget bästa."

Miryam såg på mig, och plötsligt såg hon besvärad ut. Hon frågade

- "Har du syner om vad som kommer att hända oss, var och en av oss?"

Jag dröjde med mitt svar, jag visste att det här var en del av min verklighet som det var svårast för andra att förstå och att förhålla sig till. Jag sade

- "Ja, det har jag. Men det som kommer att hända är inte som att följa en markerad stig, där man möter olika saker, en efter en. Det som kommer att hända i framtiden är som en labyrint av olika vägar, och vid vart och ett av vägskälen kommer man att ta in på den ena av vägarna. Vilken av dem beror både på de val man själv gör, och det kan bero på andras val och på vad de tror på. Så därför talar jag mycket sällan med andra om detta. När jag ser på mina syner om framtiden, är att *jag talar* om dem *en* av de olika vägarna, och den vägen leder sällan till något gott. Om man *tror* att man vet vad som ska hända i framtiden, kommer man utan att veta det faktiskt *skapa* just den framtiden.

I mitt fall, tar jag *aldrig* egna beslut, *utom* beslutet att följa det min Fader ber mig att göra. *Detta* är min vilja, detta har jag vigt mig åt. Han beslutar, *på min begäran*. Miryam, förstår du detta?"

Miryam var tyst en lång stund, sedan suckade hon djupt och sade

- "Jag tror att jag förstår. Och inte bara respekterar jag ditt val, jag tror i sanning att det du säger och det du gör är för vårt allas bästa, för hela mänsklighetens bästa till slut. Men", och nu skrockade hon lite, "som kvinna, van vid att skvallra och ha olika teorier om vad andra tänker, kan det bli väldigt frustrerande..."

Jag skrattade, ställde mig upp och omfamnade Miryam varmt, och sade

- "Som jag sade, du är den av mina lärjungar som jag sätter störst värde på, min kära Miryam. Jag behöver ditt förstånd, dina ögon och dina öron, och framför allt, ditt hjärta. Men låt oss nu gå ned till lägret, de har förmodligen redan förberett kvällsmålet, och jag skulle ju leda en stor undervisningsgrupp i kväll igen."

Och vi gick in i huset för att leta reda på Jason, eftersom han hade sagt sig vilja vara med i dagens möte. Tillsammans gick vi tre genom Kapernaums smala gränder ned till hamnen, där vårt läger låg.

Kapitel 13. 30 December 784.
Bortstött.

- "Du har ju sagt det själv, Yeshua", sade min bror Hakob, "ingen profet är välkommen i sin hemstad."

Jag och Hakob satt i innergården på vårt gamla hem i Nazareth. Hela familjen hade samlats här till min födelsedag; jag hade just fyllt trettioett. Nu var bara jag och Hakob och våra två systrar Esther och Rivka kvar, våra tre andra bröder Joses, Shimon och Yehudah hade återvänt till sina hem. Det hade varit en fin återförening - jag hade inte träffat mina systrar under en lång tid, och bägge var nu vuxna, nu tjugotvå och tjugo, gifta, med egna barn.

- "Jag har sagt så, men det känns fortfarande konstigt att de inte kan se att jag är en annorlunda person nu", sade jag med en suck.

- "Det bekräftar bara annat du har sagt", fortsatte Hakob, "om hur vi skapar och hur vi ser som vi tror, inte det motsatta, att vi tror när vi ser saker skapas."

- "Båda de här motsatserna gör mig frustrerad", erkände jag. Vid sidan av min kusin Ohannes och Miryam Magdalena, var min bror Hakob en av de få personerna som jag kunde vara fullkomligt uppriktig mot. "Människorna här i byn kan inte se förbi sin inre bild av den unga Yeshua, son till träarbetaren Yosef. Och människorna utanför Nazareth kan inte se förbi sin inre bild av Messias, och de minns mirakler bara som något som *jag* har utfört, utan att inse att mirakler är något som händer naturligt när någon vaknar."

- "Jag tror att ditt budskap är för omvälvande. Jag tror få inser att du är mer radikal än till och med zeloterna", sade Hakob. "Och jag tror inte att de förstod dig när du sade 'Herrens Ande är över mig, ty han har smort mig till att predika glädjens budskap för de fattiga'. För dem är det samma sak som att säga att du är deras Messias, med makt att störta romarna, och de kan ju se med egna ögon att den makten har du ju inte. Inte undra på att de skrek åt dig och fick dig att lämna synagogan."

- "Det som gör mig frustrerad är att de har rätt när de ser att jag inte är deras Messias, utan att se vad jag är!" klagade jag. "Men missförstå mig inte, Hakob, jag dömer dem inte för hur de tror. Jag är frustrerad för att jag älskar dem. Det här är mitt folk, jag har känt dem hela mitt liv, och jag önskar så att de skulle kunna ta emot min gåva, gåvan från min Fader, att få uppleva fullkomlig inre frid!"

Hakob satt tyst en lång stund, och såg på mig. Sedan suckade han, och sade

- "Jag tror att så länge din *egen* inre frid beror på huruvida människor tar emot din gåva eller inte, så är du inte fri själv. Det kanske inte ankommer på dig att besluta om när en gåva i sanning är mottagen."

Att höra det här från min bror, som jag älskade och högaktade, vars stöd jag behövde och uppskattade, gjorde mig plötsligt arg, mitt hjärta började slå hårt och jag knöt mina händer till knytnävar, som om jag skulle angripa honom. När han såg det, såg han överraskad och rädd ut, men han sade inget, han bara fortsatte att se på mig.

Samtidigt kunde jag från en del av mitt inre se mig själv, se min egen ilska, en känsla jag trott jag aldrig skulle kunna bära på mer. Och plötsligt insåg jag att jag hade haft ilska i mig, men att jag hade förträngt den till en djup vrå i min själ. Jag slöt mina ögon och såg djupt in i mig själv. Jag såg en bild av en arg tonårig pojke, frustrerad över sin far som inte lyssnar och som inte ens vill förstå.

När jag nu satt här, i mitt gamla hem, kunde jag plötsligt känna närvaron av Yosef, min far, och närvaron av hans arge son, Yeshua. Och mitt hjärta fylldes av medkänsla för dem bägge. Jag kände hur mitt hjärta svämmade över av kärlek, och det kändes som om ett varmt vitt ljus strålade ut ur det. Ljuset spreds ut mer och mer, tills vi alla tre var inneslutna i ett stort klot av vitt ljus. Ett ljus av frid och av förlåtelse. Jag förlät min far fullständigt, och jag förlät mig själv.

Jag öppnade långsamt ögonen, såg på Hakob, som fortfarande såg rädd och spänd ut, och jag sade

- "Hakob, min allra käraste bror. Du har helt rätt. Tack."

Jag ställde mig upp, och han gjorde det också, med en förvirrad min. Jag gick fram till honom och omfamnade honom och jag kysste bägge hans kinder. Vi stod så och omfamnade varandra en lång stund. När vi satte oss igen, kunde jag se tårar i hans ögon, men han såg lättad ut, till och med fridfull.

***

Senare samma dag, satt Hakob och jag åter i innergården. Vår mor Miryam och våra systrar höll på att städa rent bordet i det främre rummet efter middagsmålet.

Vi hade talat om ilska och frustration, hur det egentligen inte är någon skillnad mellan hat och lätt irritation, eftersom båda utgör ett lika starkt hinder mot förlåtelse och inre frid.

- "Var det samma sak som hände med dig förra påskhögtiden, när du kastade ut penningmånglarna från templet?" frågade Hakob.

- "Ja och nej", sade jag, "Jag har faktiskt tänkt på det där idag, efter vårt samtal i morse. Jag tror det var bägge. En del av det var min frustration över att människor inte vill förstå. En annan del var något jag lärde mig i Muktinath. Ibland, när en lama leder en lärjunge som har kommit mycket långt, och lärjungen brottas med de sista återstående resterna av sina bindningar till jordiska behov, kan man påskynda ett uppvaknande genom att utsätta lärjungen för en plötslig chock, som att slå honom över huvudet, eller genom att låta något fullkomligt oväntat hända."

- "Så du planerade att det skulle ske?" frågade Hakob.

- "Jag kunde ha gjort det", sade jag, "och det hade varit bättre om jag hade gjort det. Som det blev nu, hade jag faktiskt funderat över lamans instruktion, men min ilska hann före min hjärna."

- "Nåväl, i vilket fall spreds det du gjorde över hela landet, det är ändå säkert", sade Hakob med ett leende. "Både om hur du kunde göra så där eftersom du är den riktige Messias, och andra som säger att det bara bevisar att ditt budskap om frid är falskt."

- "Ja, jag vet", suckade jag, "men kanske kommer något gott ur detta. Åtminstone kommer människor kanske se att jag är mänsklig som alla andra, och sedan också öppna sig för att jag är en människa som har vaknat upp till den Sanna Världen, Allahs Kungarike. Och det här är vad jag önskar alla."

- "När vi pratar om berättelser om dig som har spridits, så tror jag att även om bara några få vaknar upp kommer det att få människor att tro på ditt budskap", sade Hakob. "Många har kommit för att bli döpta av dig och av de Tolv, och nu finns det troende till och med i Samarien, efter att du berättade om den där kvinnans liv för henne, hon i Sychar."

- "Ja", höll jag med, "att *tro* att det kan vara *möjligt* att vakna upp, att tro på möjligheten för mirakel, kommer i sig att göra det mer möjligt. Jag minns hur jag för länge sedan sade till min vän i Muktinath, laman Devapala, om att lära är att som att sprida ut frön, där några hamnar på hälleberget, andra bland ogräs och kvävs, och andra åter i fruktbar jord."

Hakob satt tyst, jag kunde se att han sökte efter ord. Till slut sade han

- "Jag har hört rykten om mirakler. Du har helat några, människor som lidit av svåra sjukdomar under hela livet…"

- "Ja, helande har hänt", sade jag, "och det här är ännu ett exempel på hur svårt det tydligen är att förstå mitt budskap. I de här fallen har mina ord och min beröring, och mitt fullständiga accepterande av dem som människor utan synd, gjort att deras ögon öppnats och de kunde plötsligt se sig själva, som de gudomliga varelser de är, välsignade av Allah. Och genom att se, helade de sig själva. Men även om jag sade detta till dem, föll de tillbaks till sitt gamla sätt att se på sig själva, och berättade för alla omkring att *jag* hade helat dem, att det var *jag* som utförde miraklet."

- "Men även om det är så kan det inte hindra dig från att se dem som de verkligen är, eller hur?" sade Hakob. "Är inte det här ytterligare ett bra exempel på en gåva som du inte vet när den i sanning tas emot?"

Att höra detta för andra gången idag fick mig den här gången bara känna mig road av mig själv, och tacksam för min broders milda påminnelse, och jag log:

- "Inget kommer att hindra mig från att se mina bröder och systrar som Allahs barn. Jag sår frön, och det kommer an på min Fader att få dem att slå rot och att växa.

Hakob, min bror, vill du förena dig med mig i en bön jag lärt mina lärjungar?"

Han samtyckte, och vi slöt bägge våra ögon, och jag reciterade:

- "Vår Fader, du som är i himlen.
Låt ditt namn bli helgat.
Ditt rike är här.
Låt din vilja ske,
på jorden så som i himlen.
Ge oss idag det vi sant behöver
och förlåt oss våra missriktade tankar,
för oss att förlåta andra för deras.
Och hjälp oss att se frestelser,
så att vi undviker att göra ont.
Vårt är riket,
och makten och saligheten,
i evighet.
Amen."

Kapitel 14. 14 Quintilis 785.
Bergspredikan.

Tiden som gått sedan mitt besök i Nazareth hade präglats av intensiv undervisning och av möten med större och större folksamlingar. Från vårt numera rätt varaktiga läger i Kapernaum hade vi gjort långa resor runt Galliléen. Vi hade också varit nere i Jerusalem över påskhögtiden.

Fler och fler mirakulösa helanden hade börjat hända, allt eftersom människor började tro på att helande är möjligt, även om ingen verkade kunna ta steget mot att tro på självhelande, trots mina ständiga påminnelser 'Din tro har helat dig'. Men min älskade broder Hakobs påminnelse hjälpte mig att komma ihåg att låta det här vara som det var, och att lägga min tillit i min Faders händer.

Den här dagen hade sommarhettan avtagit litet. Många hade bett mina lärjungar att få träffa mig, och Petros hade beslutat att ordna ett större möte än vanligt, där jag skulle ägna en hel dag åt undervisning. Lärjungarna hade sagt åt människor att komma till Eremosberget, några timmars vandring nordost från Kapernaum.

När vi kom dit på morgonen hade många hundra redan samlats, och många i vårt följe fick ägna den första timmen att ordna hur människor skulle sitta för att alla skulle kunna höra.

Med hjälp från träarbetare från byarna omkring hade en plattform satts upp, med ett träplank bakom för att min röst skulle höras väl ned mot dalen under. Jag satt på en pall på plattformen och de Tolv satt på en låg bänk bakom mig, där de kunde luta sig mot planket bakom.

Vädret var perfekt för en tillställning som denna, lite mulet och helt vindstilla. Där jag satt och såg över folkmassan, kunde jag höra några tala med låg röst till varandra, men de flesta som hade kommit bara såg på oss, och det var nästan helt tyst.

Eftersom det här var ett större möte än vanligt, hade vi inte planerat att ha särskilda avbrott för frågor och diskussioner, som vi annars brukade ha på våra mindre möten. För den här dagen hade jag planerat en längre undervisning, med tid efter det för frågor i mindre grupper. Så snart jag började tala, blev det fullkomligt tyst i folksamlingen, som nu vuxit till att bli nästan tusen människor.

"Först, älskade bröder och systrar, kommer jag att berätta för er tio olika sätt som salighet kan komma till er. De här sätten, och fler, är sådant jag lärt mina tolv lärjungar här på plattformen bakom mig, och som jag har lärt alla de som följt oss.

> Saliga är de som inte fjättrar med tankar,
> deras är kungariket i himlen.

> Saliga är de som sörjer,
> de skall bli tröstade.

Saliga är de ödmjuka,
de skall ärva jorden.

Saliga är de som hungrar efter Sanningen,
de skall finna den.

Saliga är de som förlåter,
de kommer att vara förlåtna.

Saliga är de som ser med kärlek,
de kommer att se Allah.

Saliga är mirakelarbetarna,
de kommer att kallas Allahs barn.

Saliga är de som straffas för att de talar om Sanningen, deras är kungariket i himlen.

Och dessa vägar är inte de enda. Där finns många vägar som leder till vår Fader, och du kan välja vilken som helst av dem.

Salig är du även när du förolämpas, förföljs eller blir offer för falska anklagelser för att du lyssnar på mig och gör mitt arbete. Gläd dig och jubla, för din belöning kommer att bli stor.

Ni som sprider mitt ord är jordens salt. Men om saltet förlorar sin sälta, hur skall man då göra det salt igen? Det duger bara till att kastas ut och trampas ner av människor.

Ni som sprider mitt ord är världens ljus. Inte kan en stad döljas, som ligger på ett berg. Inte heller tänder man ett ljus och sätter det under skäppan, utan man sätter det på ljushållaren, så att det lyser för alla i huset. Låt på samma sätt ert ljus lysa för människorna, så att de ser era goda gärningar och prisar vår Fader i himlen."

En gammal man, flintskallig och med ett stort vitt skägg, ställde sig upp och frågade

- "Men, mästare, om någon har syndat måste han göra bot och offra för att bli värdig välsignelsen igen. Vad säger du om synd?"

Jag svarade honom

- "Ni har hört att det är sagt till fäderna: 'Du skall inte mörda. Den som mördar är skyldig inför domstolen.'

Men jag säger er: Den som är vred på sin broder eller syster kommer i verkligheten ha dömt sig själv. Och den som säger till sin broder eller syster 'dumhuvud' fjättrar sig själv med skuld. Eller den som säger 'din dåre!' utsätter sig för faran att skapa sig sitt eget helvete.

Därför, om du bär fram din gåva till altaret och där kommer ihåg att din broder eller syster har något emot dig, så lämna din gåva framför altaret och gå först och försona dig med dem, och kom sedan och bär fram din gåva.

Var angelägen om att göra upp med din motpart som vill föra dig till doms, när du fortfarande är med honom på vägen, så att din motpart inte överlämnar dig till domaren och domaren inte överlämnar dig till fångvaktaren och du blir kastad i fängelse. Sannerligen säger jag dig: Du slipper inte ut därifrån, förrän du har betalt till sista öret. Och fängelset har du byggt själv."

Den gamle förblev stående, och sade

- "Hur kan du likställa ilska med mord?"

Jag sade

- "Synd finns inte, det finns bara felsinthet. De felsinta ser världen som fientlig och de tror att de är tvungna att göra det de gör för att skydda sig själva. Ibland leder det här till att de begår stora misstag. Både den som säger 'dumhuvud' åt sin broder, och den som vill döda behöver förlåta. Ibland behöver de först bli förlåtna innan de kan förlåta sig själva, för att kunna bli rättsinta."

- "Så du förlåter mördaren och låter brottet passera?" utbrast den gamle mannen argt.

- "Du ska förlåta och du ska handla. Men avsikten med ditt handlande ska vara att hjälpa honom att bli rättsint, och det mest kärleksfulla du då kan göra för att hindra honom från att döda igen är att låsa in honom, och sedan tålmodigt försöka väcka honom till rättsinthet."

- "Men, det är väl självklart för varje tänkande människa att mördaren förtjänar att bli avrättad!"

- "Du kan inte hjälpa någon att bli rättsint om du är felsint själv" sade jag. "Att avrätta är att mörda."

Den gamle satte sig ned igen och såg både förvirrad och arg ut, och skakade på huvudet. En ung man bakom honom ställde sig nu upp och frågade

- "Så du säger att vi ska skydda människor från att handla utifrån sina felsinta tankar. Jag kan förstå att mördaren kan ha förblindats av vrede, men hur kan du säga så om äktenskapsbrott? De förtjänar väl självklart att bli stenade!"

Jag svarade

- "Ni har hört att det är sagt: 'Du skall inte begå äktenskapsbrott'.

Men jag säger er: Den som ser på en annan person som något man kan äga har redan blivit fjättrad av vanföreställningar, där man tror att sann lycka bara kan komma ur att möta kroppens behov. Älska varandra, ge varandra njutning, men använd ert förbund som en väg till Allah, genom att betrakta varandra som gudomliga själar som inte kan ägas. Om en del av ditt sinne får dig att snubbla, riv ut det och kasta bort det. Det är bättre att förlora en del av ditt sinne än att hela din själ ska hamna i helvetet.

Misstaget man gjort är inte äktenskapsbrottet i sig, det är oärligheten. Förlåt dig själv att ditt åtagande mot din hustru eller din man kanske inte håller livet ut, och var ärlig. Den här ärligheten kan leda till skilsmässa.

Det är sagt: 'Den som skiljer sig från sin hustru skall ge henne skilsmässobrev'.

Alla förbund kan göras heliga, om de används för att ge varandra Allahs kärlek. Men inte ens heliga förbund behöver vara sådana som ska räcka för evigt, så jag säger er, ge inte bara ett skilsmässobrev; ordna upp allting rättvist och med ärlighet, så att ni kan vandra iväg på era olika vägar som vänner."

Den unge mannen utropade upprört

- "Men hör nu, den som begår äktenskapsbrott har ju brutit sin ed! Det är en ed till Allah!"

Jag log mot honom och sade

- "Ni har hört att det är sagt till fäderna: 'Du skall inte svära falskt' och: 'Du skall hålla din ed inför Herren'.

Men jag säger er, svär ingen ed alls: varken till Allah, eller till jordiska makter, eller till din heder, för du kan inte ändra dina tankar. Allt du behöver göra är helt enkelt att säga 'Ja' eller 'Nej'; allt annat utöver detta kommer från en del av ditt sinne som inte är ärligt."

Vid detta började många att tala med varandra, och en man klädd i en lång mantel ställde sig upp och sade

- "En man vars hustru varit tillsammans med en annan man har rätt till hämnd. En man vars son blivit mördad har rätt till hämnd. Varför ska han förlåta?"

Jag hade hört de här argumenten så många gånger, att jag kände mig med ens trött. Men, jag slöt mina ögon och lät min otålighet ebba ut, såg på honom igen och sade

- "Ni har hört att det är sagt, 'Öga för öga och tand för tand.'

Jag säger er: Stå inte emot den som vill göra dig ont, utan om någon slår dig på den högra kinden, så vänd också den andra åt honom. Om någon vill ställa dig inför rätta och ta din livklädnad, så låt honom få din mantel också. Om någon tvingar dig att gå med en mil, gå två mil med honom. Ge åt den som ber dig, och vänd dig inte bort från den som vill låna av dig. Förlåt och du kommer att vara förlåten.

Ni har hört att det är sagt: Du skall älska din nästa och hata din ovän.

Men jag säger er, älska era ovänner och be för dem som förföljer er, på det att ni må vara barn till er Fader i himlen. Han låter sin sol gå upp för de onda och de goda, och låter det regna över rättfärdiga och orättfärdiga. Ty om ni älskar dem som älskar er, vilken lön får ni för det? Gör inte skatteindrivare det också? Och om ni hälsar endast på era bröder, vad gör ni för märkvärdigt med det? Gör inte hedningar det också? Var därför givmild och förlåtande, såsom vår Fader förlåter oss allt och erbjuder oss allt."

Vid detta ställde sig nu många upp och kom närmare plattformen. De samlades omkring den, upprörda, många höjde sina röster för att försöka göra sig hörda. Den gamle med det vita skägget banade sig väg genom folkmassan, kom fram och slog sin vandringsstav hårt mot plattformen, och ljudet av detta gjorde att alla tystnade. Han sade

- "Detta är inte vad en rättfärdig man kan göra! Att försvara sin heder är Allahs vilja! Vi skänker allmosor till de fattiga och vi hörsammar våra bönetider. Detta borde vara tillräckligt!"

Alla tittade nu på mig, några log triumferande av att höra det här ovedersägliga uttalandet. Jag log vänligt mot dem, höll ut mina armar och sade

- "Vill du vara rättfärdig eller vill du vara lycklig? Att vara rättfärdig och ge för att bli ärad av andra, är inte samma sak som att göra rätt sak. Rätt sak är att ge från hjärtat, utan offer, för att i sanning ge är att få. Ge och du kommer att få. Ge allt och du kommer att få allt.

När du ber, var inte som hycklarna, för de älskar att stå och be i synagogorna och i gathörnen för att synas av människor. När du ber, gå in i din kammare och stäng din dörr och be till din Fader i det fördolda. Då skall din Fader, som ser i det fördolda, ge dig det du behöver. Och när ni ber skall ni inte rabbla som de fromlande skrifttrogna, för de tror att de blir hörda på grund av sina många ord. Ni behöver inte vara som de, för er Fader vet vad ni behöver innan ni ber honom om det.

Således, så här kan ni be:

Vår Fader, du som är i himlen.
Låt ditt namn bli helgat.
Ditt rike är här.
Låt din vilja ske, på jorden så som i himlen.
Ge oss idag det vi sant behöver
och förlåt oss våra missriktade tankar,
för oss att förlåta andra för deras.
Och hjälp oss att se frestelser,
så att vi undviker att göra ont.
Vårt är riket, och makten och saligheten,
i evighet.
Amen.

För om du förlåter andra människor när de syndar mot dig, kommer du att upptäcka att din himmelske Fader redan har förlåtit. Men om du inte förlåter andra för deras synder, kommer du inte kunna förlåta dig själv och du kommer aldrig att känna din Faders förlåtelse."

De som ställt sig omkring plattformen gick nu tillbaks till de platser där de suttit förut. Många skakade på huvudet men de sade inget mer.

En man i dyrbar klädedräkt ställde sig upp. Han satt bland kvinnor och barn, som såg ut att tillhöra hans familj. Han sade

- "Dina lärjungar lämnade allt när de följde dig. När du säger att vi inte ska be för mer än det vi behöver, hur ska jag kunna försörja min stora familj?"

Jag hörde hur den här mannen slets mellan sitt behov att känna sig trygg och sin längtan efter att känna sig värdig i Allahs ögon, och jag kände medkänsla för honom. Jag sade

- "Samla inte skatter på jorden, där rost och mal förstör och där tjuvar bryter sig in och stjäl. Samla dina skatter i himlen, där varken rost eller mal förstör och där inga tjuvar bryter sig in och stjäl. Ty där din skatt är, där kommer också ditt hjärta att vara.

Ögat är kroppens ljus. Om ditt öga är friskt, får hela din kropp ljus. Men är ditt öga sjukt, ligger hela din kropp i mörker. Om nu ljuset i dig är mörker, hur djupt är då inte mörkret!

Ingen kan tjäna två herrar. Antingen kommer han då att hata den ene och älska den andre, eller kommer han att hålla sig till den ene och se ner på den andre. Ni kan inte tjäna både Gud och Mammon.

Därför säger jag er: Gör er inte bekymmer för ert liv, vad ni skall äta eller dricka, inte heller för er kropp, vad ni skall klä er med. Är inte livet mer än maten och kroppen mer än kläderna? Vem av er kan med sitt bekymmer lägga en enda timme till sin livslängd?

Och varför gör ni er bekymmer för kläder? Se på ängens liljor, hur de växer. De arbetar inte och spinner inte. Men jag säger er att inte ens Salomo i all sin prakt var klädd som en av dem. Gör er därför inte bekymmer och fråga inte: 'Vad skall vi äta?' eller: 'Vad skall vi dricka?' eller: 'Vad skall vi klä oss med?' Efter allt detta söker de giriga, och fjättrar sig själva med dessa tankar. Sök först er Faders kungarike och Hans Sanning, och allt det andra kommer att ges till er också. Gör er alltså inte bekymmer för morgondagen. Den skall själv bära sitt bekymmer. Var dag har nog av sin egen plåga."

- "Så de som tjänar Mammon och samlar rikedomar åt sig själva, kommer de att dömas som ovärdiga av Allah?" frågade en ung man.

På detta svarade jag

- "Allah dömer inte, Han älskar var och en av er oberoende av vad ni gör. Men Han gråter över de av er som gör er döva och blinda för Hans kärlek. Hela er dövhet och er blindhet genom att förlåta era bröder och era systrar. Döm inte, ty då kommer ni döma er själva. Ty med den dom ni dömer andra, skall ni bli dömda av er själva, och med det mått ni mäter, skall det mätas upp åt er.

Varför ser du flisan i din broders öga men märker inte bjälken i ditt eget öga? Eller hur kan du säga till din broder: Låt mig ta bort flisan ur ditt öga, du som har en bjälke i ditt eget öga? Du hycklare, ta först bort bjälken ur ditt eget öga! Då kommer du att se så klart att du kan ta ut flisan ur din broders öga.

Så vad kan sägas om vad ni behöver göra för att finna Allah?

Be och ni skall få, sök och ni skall finna, bulta och dörren skall öppnas för er. Ty var och en som ber, han får, och den som söker, han finner, och för den som bultar skall dörren öppnas.

Vem bland er ger sin son en sten, när han ber om bröd, eller en orm, när han ber om en fisk? Om ni då, trots att ni har missriktade tankar, förstår att ge era barn goda gåvor, hur mycket mer skall då inte er Fader i himlen ge det som är gott åt dem som ber honom!

Så detta är min gyllene regel: Allt vad ni vill att människorna skall göra er, det skall ni också göra dem.

Detta är den sanna innebörden av vad lagen och profeterna säger.

Gå in genom den trånga porten. Ty den port är vid, och den väg är bred som leder till fördärvet, och det är många som går fram på den. Och den port är trång, och den väg är smal som leder till livet, och det är få som finner den."

- "Mästare", fortsatte den unge mannen, "du talar som en profet själv, och du är inte ens en rabbi. Hur ska vi kunna veta om det du säger är sant? Hur ska vi kunna veta om de som hävdar att de förmedlar ditt budskap säger samma sak som du?"

Jag nickade åt honom och sade

- "Jo, där finns falska profeter, och ni behöver vara vaksamma. De kommer till er klädda som får men i sitt inre är rovlystna vargar. Men, på deras frukt skall ni känna igen dem. Inte plockar man väl vindruvor från törnbuskar eller fikon från tistlar? Så bär varje gott träd god frukt, men ett dåligt träd bär dålig frukt. Ett gott träd kan inte bära dålig frukt, inte heller kan ett dåligt träd bära god frukt. Förlåt dem för den dåliga frukten, men ät inte av den. Älska dem och deras tankar kommer att helas.

Och jo, där kan komma falska lärjungar. Var och en som säger 'Herre, Herre' till mig kommer inte av endast detta in i himmelriket, utan det gör den som gör min himmelske Faders vilja. Många skall säga till mig på den dagen: 'Herre, Herre, har vi inte profeterat med hjälp av ditt namn och med hjälp av ditt namn drivit ut onda andar och med hjälp av ditt namn gjort många kraftgärningar?'

Men då skall jag säga dem rakt ut: 'Ni har inte lärt er vilka ni är i sanning. Ni stänger fortfarande in er i helvetet.' Och jag kommer att tycka synd om dem, men de kommer bara ha slösat bort av sin tid, inget mer. För det enda som behövs för att bli en sann lärjunge till mig är ärlighet och god vilja.

Så, mina älskade bröder och systrar, detta är vad jag till slut vill säga till er idag:

Den som hör dessa mina ord och handlar efter dem, han liknar en förståndig man som byggde sitt hus på klippan. Regnet öste ner, störtfloden kom och vindarna blåste och kastade sig mot det huset. Men det föll inte, eftersom det var grundat på klippan.

Men den som hör dessa mina ord och inte handlar efter dem, han liknar en dåre som byggde sitt hus på sanden. Regnet öste ner, störtfloden kom och vindarna blåste och slog mot det huset, och det föll samman, och dess fall var stort."

***

Med detta hade jag avlutat min undervisning. Jag och de Tolv reste oss upp och gick ned till folkmassan. Var och en för sig, gick vi omkring resten av dagen, och stannade vid varje person som ville tala eller som hade frågor. Många hade tagit med sin mat och dryck och de inbjöd oss att dela deras måltid, och både jag och de av de Tolv satte oss ned då och då med dem som erbjöd oss sin mat.

Många var fortfarande arga, och ifrågasatte mig mycket, särskilt om det jag hade sagt om hämnd och fiender, som de kände gick emot allt sunt förnuft. Många frågade mer om äktenskapsbrott och skilsmässa, och var arga för att de tyckte att jag talat mot Lagen.

Men många var nyfikna och vill höra mer. Många sade sig känna vördnad och frågade hur jag hade kunnat tala med sådan auktoritet om synd och förlåtelse, trots att jag inte var präst. Många frågade om hur de skulle kunna följa mig, och dessa sände jag till de Tolv för att ordna det som behövdes.

***

När vi var på väg tillbaks mot Kapernaum, möttes vi av vänner till den romerske centurion under vilken området lydde. Han hade sänt dem till mig för att hans mest värdefulla tjänare hade blivit sjuk och var döende, och han hade hört talas om min förmåga att hela. Hans vänner hade ett budskap från honom, som lydde

- " Herre, jag är inte värd att du går in under mitt tak, men säg bara ett ord, så blir min tjänare frisk. Även jag är en man som står under en annans befäl, och jag har soldater under mig. Säger jag till en: 'Gå', så går han, och till en annan: 'Kom', så kommer han, och till min tjänare: 'Gör det här', så gör han det."

Jag sade till hans vänner

- "Jag är förbluffad, jag har inte funnit en sådan tro och tillit ens i Israel. Men gå och säg er vän att med den makt han har kan han få tjänaren att hela sig själv. Han behöver bara se sin tjänare som Allahs gudomliga barn, som har en själ fri från synd och som är osårbar inför döden, och hans kropp kommer att lyda och bli helad."

***

Sent på kvällen samma dag kom en budbärare till Jasons hus för att meddela att centurionens tjänare hade mirakulöst tillfrisknat, och hade också med sig en fråga från centurionen om det var något i vårt läger som hans tjänare eller hans soldater kunde hjälpa oss med.

Och under resten av vår vistelse i Kapernaum, och också när vi kom tillbaks efter våra färder runt landet, erbjöd sig vår centurion sin hjälp, varje gång.

Kapitel 15. 5 Sextilis 785.
Sändebuden.

- "Men vi kan inte göra det här utan dig, mästare", utbrast Petros, "Människorna förväntar sig så mycket nu, de hungrar efter dina ord och ditt helande, och de kommer att bli arga om de ser oss komma ensamma."

Vi satt i innergården på Jasons hus, jag tillsammans med de Tolv, och vi hade just ätit frukost tillsammans.

Jag log och sade

- "Petros, min käre broder. Jag tror att jag känner större tillit till dig än du gör själv. Mina ord kan du vid det här laget, och du kan säga samma sak med dina egna ord. Vad gäller min förmåga att hela, så har vi ju talat om det här både länge och väl, och kanske behöver vi tala mer om det innan jag sänder ut er tolv för er själva i Galliléen, två och två av er på er egen resa."

- "Vi har helat människor, mästare, men aldrig utan att du varit i närheten", sade Ohannes, "hur kommer vi att veta att vi har din kraft, bara för att du säger att vi har det?"

- "Säg mig, Ohannes", sade jag, "kan du förlåta en blind man för att han inte kan se?"

- "Det är klart att jag kan, mästare!" svarade Ohannes och såg förvånad ut. "Det är ju inte hans fel, han valde inte att bli blind."

- "Men säg mig nu", fortsatte jag, "kan du förlåta den liderlige mannen som begår äktenskapsbrott med unga kvinnor?"

Ohannes satt tyst en stund och tänkte igenom de här två exemplen, och sade slutligen

- "Jag vet att du har sagt att den liderlige mannen tror att han *måste* göra det han gör för att uppnå lycka i sitt liv, och att vi borde förlåta honom, men ändå …"

- "Djupt i sina hjärtan har människor egentligen bara *två* känslor", sade jag. "Kärlek eller rädsla. Den liderlige mannen, även om han tror att han ger ut kärlek och tar emot kärlek, från många håll, drivs av rädsla. Genom att sträcka ut din kärlek och din förlåtelse till honom kan han komma att vakna upp ur sin mardröm och upptäcka att hans rädsla är fullständigt obefogad."

- "Jag har kommit att förstå", sade nu Hakob den yngre, "att mina ögon är skymda. Om jag kunde viga mig helt åt min Fader och åt Hans sätt att se oss, skulle jag alltid kunna se den där rädslan. Och genom att se den, *skulle* min naturliga reaktion vara att förlåta."

Jag nickade åt Hakob och sade, i det att jag såg runt på alla som satt på sina pallar omkring mig

- "Om du inte kan se din broder med klar blick, kommer ditt sinne att upprätta en inre bild av honom, en bild som avspeglar hur du tänker om honom och hur du dömer honom. Den här bilden kan göra det omöjligt för dig att förlåta.

Men om du ser honom med klara ögon, och du då ser vem han *egentligen* är bakom sina rädslor och sina skadliga handlingar, om du då ser den sanna personen bakom alla dimridåer han själv har satt upp omkring sig, för att skydda sig själv, då *skulle du inte kunna göra något annat* än att förlåta och älska honom."

- "Men, vad har det här att göra med helande?" frågade Ohannes.

- "Det här är vad helande handlar om", sade jag. "När du är helt i stånd att se den liderlige mannen med samma medkänsla som du känner för den stackars blinde mannen, då kommer du kunna hela den blindes förstörda syn."

- "Så du menar att medkänslan som jag känner för den blinde mannen räcker inte bara i sig", sade Petros, "det är inte förrän jag är i stånd att känna samma medkänsla med *vem som helst* som jag kan hela den blinde mannen?"

- "Du är inne på rätt spår", sade jag, "men återigen, det kommer inte vara du som helar. Genom att se den blinde mannen på det här sättet, utan att värdera honom på något annat sätt än du skulle värdera vem som helst, på ett sätt där du bortser fullständigt från deras så kallade synder, så kommer den blinde mannen att kunna se sig själv på samma sätt, och hans sinne kommer att helas. Och när sinnet helas, följer kroppen bara med."

- "Men mästare", invände Yehudah Te'oma upprört, "säger du nu att kroppen inte har någon egen vilja? Vi vet ju alla om saker som kan göra kroppen sjuk, hur våld från andra kan skada den."

- "Yehudah, jag älskar ditt utforskande sinne", sade jag. "Delvis har du rätt. Vi är sällan förberedda när saker händer oss, och kroppen reagerar. Men om vi gör kroppen till det enda vi tror är verkligt, kommer den att styra vårt sinne. Sinnet i sig är osårbart och evigt, och så snart vi vet det, vet vi att det är sinnet som styr kroppen. Genom att se sig själv som osårbar, kommer kroppen bara att följa det, och den kommer att hela sig själv."

- "Säg det där till en man som hänger på korset", muttrade Yehudah, uppenbarligen inte övertygad, "att hans sinne är oskadat och att han kommer att överleva."

- "Det där är ett extremt exempel", sade jag", och varje barn måste lära sig att krypa innan det kan lära sig att gå. Men sannerligen säger jag dig, att det kommer att komma en dag när jag säger det där till en man som hänger på korset."

Yehudah Te'oma skakade på huvudet men sade inget mer om detta.

- "Det här kommer inte vara sista gången som vi talar om det här, för detta är vårt uppdrag. Vi kommer att väcka mänskligheten; vi kommer att väcka varje man och kvinna på jorden. Men det här uppvaknandet måste föregås av helande, och med helande menar jag helandet av sinnet.

Men, låt oss tala om vad ni har framför er. Jag sänder ut er som lamm bland vargar. Var därför listiga som ormar och oskyldiga som duvor. Akta er för människorna. De skall utlämna er åt domstolar, och i sina synagogor skall de gissla er. Och ni kommer att föras inför landshövdingar och kungar för min skull, för att vittna inför dem och hedningarna.

Men när man utlämnar er, så bekymra er inte för hur ni skall tala eller vad ni skall säga. Det kommer att ges åt er i den stunden, för det kommer inte vara ni som talar, utan er Faders Helige Ande som talar genom er.

Var alltså inte rädda för dem. Ty ingenting är dolt som inte skall uppenbaras, och ingenting är gömt som inte skall komma i dagen. Vad jag säger till er i mörkret skall ni säga i ljuset; och vad ni hör viskas i ert öra skall ni ropa ut på taken. Var inte rädda för dem som dödar kroppen men inte kan döda själen."

- "Tack mäster Yeshua", sade Nethanel, "för din tillit till oss. För min del känner jag verkligen att jag vill göra det min Fader säger åt mig att göra. Jag vet i mitt hjärta att du är Hans budbärare, men hur kommer jag att veta vad min Fader vill när jag är där ute helt själv?"

- "Om du inte tänker på det", sade jag, "kommer din Faders ord vara de du säger. Men om du *ändå* tänker på det, kan det hända att du reser upp ett hinder som gör att du inte hör Hans ord, och då kan du komma att byta dem mot dina egna. Men det *enda* du då kommer att behöva göra, är att tänka 'Vad skulle mäster Yeshua ha sagt eller gjort nu', och jag kommer vara där i anden för dig, och vår Faders ord kommer att flöda genom dig."

- "Det tror jag att de kommer att göra", sade Nethanel långsamt, " Det tror jag faktiskt att de kommer att göra ..."

Vi ägnade många timmar till åt att tala, den mesta tiden om de praktiska detaljerna angående deras olika färder. Vilka byar och städer vart och ett av paren av lärjungar skulle besöka, hur de skulle hitta människor att bo hos, vilka av våra följeslagare i vår större grupp som skulle följa med dem. Yehudah Iscariot, som hade goda kunskaper i att organisera, som han tillägnat sig under sitt förra liv som lönnmördare åt rebellerna, fick ansvaret för uppgiften att organisera våra "räder" runt om i landet.

När jag gick till sängs den kvällen kände jag fullkomlig tillit till mina 'Sändebud' som jag nu skulle skicka ut i världen, för att sprida mitt budskap.

Från mina inre syner visste jag att tidsperioden som skulle komma nu inte skulle utgöra sista tillfället för de här tolv männen att fullfölja vårt uppdrag. De skulle komma att göra det här under resten av sina liv, och flera av dem skulle komma att återvända till jorden många gånger för att slutföra sina uppgifter.

Stenen hade satts i rullning, och aldrig mer skulle mossa växa på den ...

Kapitel 16.   15 Ianuarius 786.
Ohannes död.

- "Inte ens att tala om Ohannes Döparen i synagogan kunde få dem att lyssna på mig", klagade jag för Hakob, min bror. "Man skulle ändå tycka att hans grymma död i fängelset borde ha berört dem."

Det var sent på kvällen. Han och jag satt i det främre rummet i vårt gamla hem; vår mor hade redan dragit sig tillbaks för natten i det inre rummet.

- "Deras inre bild av vem de tror att du är sitter djupt", sade Hakob, "och du kommer förmodligen aldrig kunna ändra på det. Men jag är glad att mor och alla vi andra kan se vem du egentligen är, även om vi inte kallar dig mästare, Yeshua. Jag minns hur vi i början trodde att du hade blivit förryckt, och vi bara ville försöka få hem dig. Men vad ska du göra nu? Många av Ohannes lärjungar har varit i ditt följe under lång tid."

- "Ja det har de", sade jag, "och det känns tungt att möta deras sorg, ovanpå min egen. Jag borde ha vetat att han fängslats, jag borde ha gjort något..."

- "Jag känner dig, Yeshua", sade Hakob, "och jag är den som har känt till dina syner om framtiden längst av alla. Jag vet hur de först kändes som en gåva, men hur de mer och mer blivit en börda för dig. Jag kan verkligen förstå att du har behövt begränsa dina syner, och att förbli här och nu, i allt det som du och din grupp har gjort på så många ställen."

- "Jag varnade Ohannes för att fördöma, och nu drog han till och med Herodes Antipas vrede över sig..." sade jag. "Jag hade kunnat varna honom för det."

- "Hör på, Yeshua, du är min äldre bror, och jag tror uppriktigt att du är upplyst", sade Hakob otåligt och tog mina händer i sina, "men i det här fallet måste jag påminna dig om det du själv har sagt om den fria viljan och om vägskälen vi möter. Och jag känner också att jag måste påminna dig, du som talar så ofta om förlåtelse, om att komma ihåg att förlåta dig själv. Du kanske ser dig själv som gudomlig, men Yeshua, du *är* inte Allah, du är en människa!"

Skakad av hans ord, förblev jag tyst en lång stund. Sedan log jag, kramade hans händer, och sade

- "Tack igen, Hakob, min käraste bror. Allah har givit mig en stor gåva i att låta mig vara din bror. Du har rätt, som förut. Det du vågar säga till mig skulle ingen annan våga. Och du har rätt, jag är människa. Ohannes död tynger mig, och just nu känns det som om de upplysta ord jag sprider till andra inte hjälper mig själv."

- "Så, om du skulle tillåta dig själv att vara just bara människa för en gångs skull", sade Hakob, "vad skulle du göra då? Det tycks mig som att det uppdrag du har lagt på dig själv och på de som följer dig ibland kräver omänskliga ansträngningar."

Hans ord fick mig att slappna av, och jag lutade mig bakåt och slöt ögonen. Inte för att gå in i en inre syn den här gången, utan bara för att koppla av, bara för att låta mig själv känna det jag kände. Och efter en stund öppnade jag ögonen och sade

- "Jag ska återvända till Beth-Saida för att vila. Jag tror vi alla behöver vila, och många av oss behöver sörja, och sorg kan aldrig skyndas på. Den kan tryckas ned, den kan hanteras med förnuftet, men den försvinner inte av det. Sorg är ett sår som behöver läkas, och det här läkandet är olikt kroppens. Kroppen kan helas på ett ögonblick, men sorg kräver tid, och den tiden kan inte ens jag ändra på."

- "Jag ser dig som en vis man, Yeshua, och jag har ofta hört dig uttala stora visdomar" sade Hakob och log, "men det här tror jag är det visaste jag hört från dig på mycket lång tid."

I vår sorg, och jag vet att Hakob sörjde Ohannes lika mycket som jag, skrattade vi och omfamnade varandra.

**

Och som jag sagt att jag skulle, reste jag tillsammans med de Tolv och tillsammans med alla andra i vårt följe, till Beth-Saida, där vi stannade under fyra månader. Den stora gruppen bodde i ett tältläger utanför byn, jag och de Tolv bodde hemma i Zebeds hus, Hakob den äldres och Ohannes far.

Jag vilade mig från predikningar, från att möta och bemöta präster och fariséer, och vilade från alla diskussioner med alla människor som krävde av mig att jag skulle rädda dem från romarnas förtryck. Jag tillät mig själv att vila, att diskutera och undervisa tillsammans med bara de Tolv och med Miryam.

Jag tillät mig själv att vara fullt mänsklig, och jag insåg att den här perioden var lika viktig för mitt uppdrag som allt annat jag hade gjort. Om jag inte lät mig själv vara mänsklig, med mänskliga svagheter och behov, hur skulle jag någonsin kunna förstå andra helt och hållet?

Kapitel 17. 18 Aprilis 786.
Att gå på vatten.

Vi hade, efter perioden när vi hade dragit oss tillbaks till Beth-Saida, haft vårt första möte med människor, på kullarna öster om Gergesa på Gallilé-sjöns östra strand. Jag hade predikat för en stor folksamling och vi hade gått omkring under många timmar för att tala med människorna. Många hade vaknat och helat sig själva från olika sjukdomar.

Som jag vant mig vid det lugna liv vi så hade njutit av i Beth-Saida, kände jag mig trött, så när de Tolv sade att vi var tvungna att skynda vidare till Genesareth, sade jag åt dem att jag behövde gå upp på berget för att meditera, och att jag skulle gå tillsammans med vårt större följe, som skulle börja vandra norr om sjön nästa morgon.

Men, de ville själva ändå ge sig iväg omedelbart, för att förbereda nästa möte i Genesareth, och de hade lånat en båt med vilken de tänkte segla över sjön, för att spara ansträngning och tid.

Vi lämnade varandra; de skyndade sig ned till hamnen, och jag vandrade för mig själv uppför kullen. Det kändes bra att vara ensam för en gångs skull.

Jag nådde fram till en högt belägen plats bland kullarna, hittade ett fridfullt ställe under ett träd, satte mig ned i skuggan, och började meditera. Jag hade haft vanan att meditera morgon och kväll under många år nu, och jag kom snabbt in i ett djupt tillstånd av stillhet, som på grund av att jag var ensam, blev djupare än vanligt.

I motsats till mina vanliga meditationer, fick jag den här gången en levande inre syn, och det här var första gången som den inte handlade om framtiden, den utspelade sig i det närvarande ögonblicket. I min syn, var jag mitt ute på Gallilé-sjön, där jag stod uppe i luften strax över vattnet. Jag såg båten med mina tolv lärjungar inte långt från den plats där jag befann mig, på ett avstånd av ungefär tjugo alnar, och en storm hade plötsligt blåst upp. De hade lyckats att få ned seglen, och försökte hålla fören mot stormvinden och vågorna, som hade blivit höga. Jag såg hur några av dem frenetiskt höll på att tömma båten på vatten med hinkar.

De stirrade och pekade på mig, och jag kunde höra Petros ropa något.

Plötsligt befann jag mig i båten, jag satt på aktertoften vid sidan av Petros, som höll i rorkulten. Jag insåg nu att det här var ingen inre syn, och det var som när jag upptäckte min förmåga att se in i framtiden som barn: jag insåg att den här förmågan, att vara var som helst genom att bara se det inom mig tydligt, var en förmåga jag alltid hade haft, men att det hade legat utanför min medvetenhet. Jag bestämde mig för att låta tiden stanna, och vågorna frös så att de såg ut som stora berg av grönt glas, och det blev fullständigt tyst.

Jag sade

- "Det är verkligen jag. Var inte rädda."

Petros, som hade sett helt förstenad ut, liksom alla de andra, släppte nu rorkulten, och tog tag i min vänstra arm, och sade

- "Mäster Yeshua. Det är du. Vi trodde vår sista stund hade kommit, och att det var ett spöke från dödsriket! Men vad är det som händer, vad håller du på med? Hur kunde du stilla stormen?"

Jag skrattade och sade

- "Du har hört mig tala om tankens kraft. Hur vi skapar det vi tror på. Jag har kommit hit för att ge er en upplevelse av den här kraften. Jag har lärt er hur ni kan stoppa tidens flöde i meditation, och nu visar jag er hur man kan stoppa tidens flöde också när ni är helt vakna. Stormen pågår fortfarande, men inte i det här ögonblicket. Det här ögonblicket, just nu, är det enda som finns."

- "Men du gick på vattnet!" utbrast Thaddeus.

- "Det gjorde jag inte egentligen", sade jag, "jag bara bestämde mig för att vara på just den platsen över vattnet. Vem som helst av er kan göra samma sak."

- "Mina sinnen säger mig att du visar mig något min hjärna inte kan förstå, men som jag vet är sant", sade Petros. "Visa mig hur man gör det!"

- "Ta min hand", sade jag till honom. Han tog min hand, och jag bestämde mig för att vi skulle vara där jag var förut, tjugo alnar från båten. Det kändes som om vi stod på sten. Shimon Petros stirrade på de andra borta i båten, och han skrattade lyckligt, som ett barn som just lärt sig att stå upp själv för allra första gången.

Sedan tittade han ned, såg den skimrande gröna vattenytan, skrek till och började sjunka, och klamrade sig fast med bägge händerna runt min arm. Jag skrattade och drog upp honom, och sade

- "Shimon Petros, var är din tro? Se det bara som fast mark!"

Han blundade, suckade av lättnad, öppnade ögonen igen, och förblev nu stående. Tillsammans, gick vi på sjöns vattenyta fram till de andra, och klättrade ombord på båten.

Alla hade blivit stumma av att se detta. Nethanel var den förste som fick mål i munnen igen:

- "Mäster Yeshua. Det här måste bevisa, bortom allt tvivel, att du är Allahs Son, Messias."

- "Nej, som jag har sagt er gång på gång", sade jag, "det här bevisar att vi alla skapar den verklighet vi upplever. Det kanske också bevisar att min *övertalningsförmåga* är större än alla andras, men det här bevisar sinnets kraft, både mitt sinne och ert. Och det som vi har skapat tillsammans med våra sinnen här på jorden är motsatsen till Allahs Kungarike. Där Sanningen är att vi kan inte dö, vi har uppfunnit döden. Där Sanningen är att det enda som finns är Kärlek, vi har uppfunnit helvetet."

- "Men när du har nu lärt oss det här, kan vi göra vad som helst!" sade Yehudah.

- "Återigen, nej, inte än", sade jag, "det här är bara det första lilla steget. Med hjälp av min övertalningsförmåga, har ni stoppat tidens flöde. Men ni befinner er fortfarande inte i Allahs Kungarike. För att fullborda detta lärande, måste ni välja det ena riket framför det andra, i allt som kommer att hända. För att uppleva Allahs Kärlek, utsträck kärlek och förlåtelse. Så snart ni använder ert sinne till något annat, eller ni använder mirakler för att imponera, kommer ni åter vara fjättrade i den värld ni hittat på."

- "Men hur ska vi någonsin lära oss?" sade Ohannes. "Vi har inte dina krafter."

- "Krafterna jag har visat prov på är inte mina egna. Så snart ni litar på era egna krafter blir ni fjättrade igen. Det enda Allah behöver, för att utsträcka Sin kraft till er, är bara lite villighet från er sida. Och envishet förstås, till och med ihärdighet. Det som har hänt här idag kommer att hjälpa er att tro och att hysa tillit till Honom.

Men nu, mina kära bröder, behöver vi fortsätta, vi har andra som ska undervisas, vi har en värld att rädda! Vinden kommer att vända, så sätt segel, och låt oss skynda till Genesareth!"

Och i detta ögonblick fortsatte stormen, båten gungade vilt omkring, och alla männen skrek, vettskrämda. Men Petros styrde båten, hans knogar vitnade av ansträngning, och de som hållit hinkar började tömma båten på vatten igen, eftersom det nådde oss nästan till knäna. Och efter en kort stund vände vinden, och Petros kunde styra båten med vinden. Hakob den äldre och hans bror satte förseglet, och båten riktigt flög iväg västerut, med vågorna.

***

Några dagar senare kom resten av vårt följe fram och ägnade sig åt att sätta upp lägret och att förbereda vårt nästa möte.

Eftersom några hade sett mig vandra iväg från de Tolv i Gergesa, och hade sett dem segla iväg utan mig, var det många som frågade hur jag hade kunnat komma dit före dem. De Tolv försökte att berätta för de andra om sina upplevelser på sjön, men få förstod vad det var de försökte att beskriva, och många olika berättelser om min förmåga att gå på vatten uppstod och spreds till många.

Jag kände mig frustrerad av det här. Som med många andra myter om mig som person, blev det här ytterligare ett hinder mot att verkligen lyssna på mitt budskap.

Men jag påminde mig själv ofta om min bror Hakobs visa ord, *"Så länge din egen inre frid beror på huruvida människor tar emot din gåva eller inte, så är du inte fri själv. Det kanske inte ankommer på dig att besluta om när en gåva i sanning är mottagen."*

Kapitel 18. 20 Quintilis 786.
Förberedelse.

Den värsta sommarhettan hade börjat avta, och jag satt tillsammans med de Tolv inne i Helvetesportarna, ett hedniskt tempel nära staden Caesarea i Philippi.

- "Vi ser att du är trött igen, mästare", sade Ohannes. "Det här är fjärde gången i år som vi drar oss tillbaks från människorna."

- "Ja, mina bröder", höll jag med, "jag är trött. Men vi har gjort mycket, och många har vaknat upp till sitt sanna jag och helat sig själva. Under vår långa resa upp till Tyros och Sidon har vi sått många frön bland hedningarna. Jag hoppas att det här kommer att övertyga människorna i Galiléen om att jag inte bara är den som ska rädda de förlorade fåren i Israel, utan att jag är herde för varje förlorat får i hela världen.

- "Du övertygade inte fariséerna och sadducéerna nere i Dalmanutha." skrockade Matthias, "De bad dig om tecken, och det visade tydligt att de fortfarande tycker att du hävdar att du är Messias. Du gjorde dem arga när du talade om tecknen på vilket väder som skulle komma, och när du sade att tecknen kan ses av vem som helst."

- "Det faktum att de försöker sätta mig på prov är ett tecken i sig. Det är ett tecken på en inre kamp mot frön som slagit rot till och med i deras envisa själar", sade jag, "och jag känner medkänsla med dem -

vilken trosfasthet! Om de bara kunde lägga sin trosfasthet till Sanningen i stället för till det de själva hittat på. Men de hör till mina förlorade får också."

- "Fariséer och sadducéer! De är inga förlorade får, de samarbetar ju med romarna och använder Lagen för att hålla oss fångna. De är onda!" sade Andreas argt.

- "Andreas, min käre broder. Nu blåser ditt humör bort ditt förnuft igen", log jag, "kom ihåg att det finns inga onda människor. Men det finns många som bär på skräck för Allahs vrede, bakom sina rättfärdiga och stolta ansikten. Och rädda människor kan vara farliga. Det enda sätten att övertyga dem är att visa att det de fruktar finns inte."

- "Men hur ska vi någonsin kunna göra det?" frågade Yehudah Te'oma. "De kommer aldrig att lyssna!"

- "Jag kommer att få dem att lyssna, genom att visa dem ett tecken som ingen kommer att kunna förneka", sade jag. "Och det här kommer att hända mindre än ett år från idag, och det kommer att bli det sista jag lär ut under det mänskliga liv jag har levt tillsammans med er här på jorden. Jag kommer låta mig bli dödad av de här rädda människorna, och sedan kommer jag att komma tillbaks och visa mig i den mänskliga form jag har nu, och sedan efter det kommer jag att finnas som ande, som vem som helst kommer att kunna lyssna på och lära sig av."

Alla tolv stirrade på mig, stumma.

Till sist sade Shimon Kanaaniten med kärv röst

- "Jag kommer inte att låta dem döda oss! Om de försöker, kommer jag att kämpa tillbaks!"

Milt sade jag till honom

- "Ni kommer inte bli dödade, inte den här gången. Jag kommer att bli tvungen att lämna er, och ni kommer att behöva gömma er. Jag kommer att förmedla sin sista lektion här på jorden ensam, för än så länge är det bara jag som kan ge det här tecknet."

- "Men mästare", bönade Petros, "du kommer ju att kunna undervisa under många fler år till, och göra tusentals fler till troende. Vårt arbete har ju just börjat!"

- "Du har rätt, Shimon", sade jag, "ert arbete har just börjat. Men mitt har snart kommit till ända, åtminstone här och nu. Vad vinner en människa om hela världen blir hennes, samtidigt som hon förlorar det eviga livet? Inte med något kan hon få det tillbaka."

De Tolv stirrade ned i marken, håglösa, tomma på något att säga.

Till slut frågade Thaddeus

- "När och var kommer det här att hända, mästare? Jag antar att du har sett det här i en syn."

- "Ja, broder Yehudah bar Alphaeus", sade jag, "jag har sett det här i en syn. Och den här synen slutar inte med min död. Den fortsätter, och jag kommer att leva på riktigt. Som jag har sagt er, jag har kommit för att ni ska ha liv, ett överflödande liv.

Men för att svara på din fråga: det kommer att hända i Jerusalem, och det kommer att hända under nästa påskhögtid.

Och mer än det kommer jag inte att berätta för er, eftersom var och en av er kommer att komma till många fler vägskäl, där ni kommer att behöva fatta era egna beslut. Men det här är vart min väg kommer att leda mig, och jag har funnit frid i det. Men jag ber er att hålla det här för er själva, just nu är det här avsett bara för era öron."

Ingen av de Tolv hade mer att säga, och vårt möte slutade med att en efter en gick tyst sin väg. Och jag visste att de troligen skulle komma att samlas själva, för att tala med varandra om vad jag hade berättat för dem.

Kapitel 19.   21 Quintilus 786.
Transfigurationen.

Nästa dag gick jag, Shimon Petrus, Hakob den äldre och Ohannes iväg själva. Jag hade bett dem att följa med mig upp mot området runt Hermon-berget, för att meditera.

De var fortfarande tagna av det jag hade berättat för dem dagen före, och vi gick tillsammans i tystnad några timmar.

I fjärran kunde vi se bergets snöklädda toppar, men vi var på väg mot en närmare bergstopp, som var hög men där det ändå var varmt vid den här tiden av året. På väg upp hittade vi en bergsbäck med kallt vatten, och vi fyllde våra vattensäckar, och drack oss otörstiga av det kalla, friska vattnet.

När vi nått toppen efter tre timmars ganska ansträngande klättring uppför, satte vi oss på de fårskinn vi hade tagit med oss, och åt bröd och torkad fisk och drack av vattnet. Det kändes som att ha hela världen under sina fötter; vi kunde se långt in i Syriska Fenicien åt väster, långt in i Trakonitis åt söder, och Hermon-bergets snöiga toppar norrut och österut.

- "Jag vet", sade jag, "att det ni fick höra igår, om synen jag haft om min väg, bekymrar er. Jag har bett er att följa med mig idag för att meditera, och för att öppna era hjärtan mot Allahs röst."

- "Jag är bekymrad, som du säger", sade Shimon Petros, "men mer än det: jag sörjer och jag är rädd. Det borde inte få vara på det här sättet."

- "Efter idag kommer du fortfarande att känna sorg, men du kommer inte längre att känna dig rädd", sade jag, "men låt oss inte tala, låt oss öppna oss, och bli lika öppna som den här himlen."

Vi satte oss i en cirkel vända mot varandra, vi slöt våra ögon, och gick in i meditation. Eftersom det var vindstilla, och eftersom vi hade lämnat både fåglar och insekter bakom oss på väg upp mot den här höga höjden, var det fullkomligt tyst. Mitt sinne blev lika tyst, och lika öppet som skyn, och där fanns inga tankar, inga känslor. Jag kände bara närvaron av berget under mig och av den vidsträckta himlen över mig.

Efter vad som kunnat vara en lång stund, jag hade ingen uppfattning om tiden, fick jag en känsla av att se ett ljus, det var som om solen kommit fram bakom molnen. Jag öppnade ögonen, och jag såg att det inte var solen. Ljuset kom från mig, och reflekterades i de andra, och av de vita fårskinnen vi satt på. Det såg ut som om jag tagit eld med lågor vita som av intensiv hetta, men där fanns ingen hetta, bara ljus.

De andra tre hade öppnat sina ögon också, och satt förstenade och såg på mig med runda ögon och öppna munnar. Långsamt, ställde jag mig upp. Ord kom till mig, och jag sade

- "I detta ögonblick, står Moses på sitt berg, och Allah talar till honom."

Och till vänster om mig kunde jag se Moses, klädd helt i vitt, ett vitt ljus strålade ut ur honom. Och jag sade

- "I detta ögonblick, står Elias på sitt berg, och Allah talar till honom."

Och till höger om mig stod den gamle och långväxte Elias, vitt ljus strålade ur honom. Trots den klara himlen, hördes åskan mullra, och trots att det var vindstilla, hördes en storm ryta, och trots att det var helt stilla, kändes kraftiga gungningar och skakningar från en jordbävning. Jag såg upp mot himlen och sade

- "Och i detta ögonblick, står jag på mitt berg, och Allah talar till oss, till oss alla."

Moses och Elias skepnader bleknade bort, och inuti mitt huvud hörde jag en tordönshög röst som sade

- "Du är min älskade son. Lyssna på mer än dina tankar och dina ord och du kommer alltid att känna min närvaro."

Och det blev åter fullständigt tyst, och det vita ljuset bleknade långsamt bort.

När jag vände blicken nedåt igen kunde jag se Petros, Hakob och Ohannes ligga på marken, som om de sov.

Jag satte mig ned, och rörde försiktigt vid dem. Efter ett tag vaknade de långsamt, en efter en. Vi satt och såg på varandra, länge, i tystnad.

Till slut sade Petros

- "Jag vet inte när jag somnade. Det måste ha varit den höga bergsluften som fick mig att göra det. Men, det känns som om jag haft en vakendröm. En dröm som jag kommer att minnas hela livet, den drömmen kommer aldrig att blekna."

- "Shimon Petros, min broder", sade jag, "jag ber dig nu, för att du ska kunna veta om det här var en dröm eller inte: berätta för oss exakt vad som hände."

Och Petros berättade långsamt för oss, och tog med alla detaljer. Hakob och Ohannes såg på honom, med ett mer och mer förvånat uttryck, och när Petros var färdig med sin beskrivning, sade Ohannes

- "Det här var ingen dröm. Jag hade just samma syn som du, det här hände mig också, precis som du beskrev det!"

Hakob sade

- "Nej, det här var varken dröm eller syn. Det hände. Men det kändes som om Allah talade till mig, trots att Han riktade Sina ord mot dig, mäster Yeshua."

Jag sade

- "Allah talade till oss tre. Det Han sade är sant för var och en av oss. Det är sant för vilken människa som helst, men Han vill att vi skulle höra det här tydligt idag, eftersom vi har ett Uppdrag att fullfölja åt Honom."

- "Men varför", frågade Ohannes, "sov jag? Varför blev du tvungen att väcka oss? Har vi inte bara delat samma dröm?"

- "Du sov inte när det hände", sade jag, "men du föll i sömn när det slutade. Det här är ditt jordiska sinnes sätt att skydda sig mot ljuset, som hade utplånat ditt jordiska sinne fullständigt om du hade fortsatt att vara vaken."

- "Så om jag hade fortsatt att vara vaken, hade jag dött?" frågade Hakob.

- "Nej, du skulle ha vaknat till liv, till ditt Sanna Jag", sade jag, "men din stund har inte kommit än."

- "Jag vet nu att allt det här har hänt, jag vet att Allah har precis talat till mig, men mitt jordiska sinne, som du kallar det", klagade Petros, "förstår inte det här. Vad menar Han med att säga att Hans röst är varken ord, tankar eller känslor?"

- "Detta", sade jag långsamt, "är en viktig fråga, Petros. Ord, tankar och känslor kommer från ditt jordiska sinne. Åskmuller, stormens rytande, marken som skakar, och andra liknande tecken, kommer också från det jordiska sinnet. Allahs röst är något helt annat, och man behöver inte höra den som ljud, den behöver inte tolkas, när vi lyssnar i sanning så vet vi.

Att veta är att ha vaknat fullkomligt. Ni är inte där än, och för det mesta är ni hänvisade till ord, tankar och känslor. Men om de används för Allah, kan de *peka* mot Sanningen, även om de i sig inte är Sanningen.

Men idag har ni hört, och från och med idag så *vet* ni. Men den här vetskapen kan ni inte sätta ord på."

- "Ja, nu vet jag", sade Ohannes, "men jag vet inte hur jag vet. Jag bara vet. Som du sade förut, Yeshua, rädslan är borta, även om jag känner sorg över det du säger kommer att hända i Jerusalem."

- "En sista sak vill jag be er om, innan vi börjar vandra ned för det här berget för att återvända till vårt läger", sade jag. "Jag vill be er att förklara det här för de nio andra av de Tolv, med ord som kommer att komma till er i stunden, varför de inte behöver vara rädda."

- "Om jag skulle försöka att göra det nu, vet jag inte hur jag skulle göra det", sade Hakob, "men när du säger 'med ord som kommer att komma i stunden' litar jag på att det blir så, och jag kommer att göra det du ber mig om. Tack, mäster Yeshua, för att ha tagit med oss hit idag."

Vi ställde oss upp och omfamnade varandra, långa, innerliga omfamningar, var och en av oss omfamnade var och en av de andra.

Vi packade ihop våra saker och vandrade tillbaks igen. Ibland talade vi om planerna för dagarna och veckorna framför oss, men under långa stunder gick vi i tystnad, i våra egna tankar.

Kapitel 20. 10 Ianuarius 787.
El'azar.

Vi hade färdats söderut igen. Det var ofred i Samarien, så jag hade sänt ut sjuttio av mina följeslagare för att leta upp vänligt sinnade byar i Judea där vi kunde göra uppehåll.

Efter att ha rest under tre månader åt söder, med många möten med människor som ville höra vårt budskap, och där många fann sig själva och blev helade, nådde vi Jerusalem och deltog i Tabernakelfesten.

Vi bodde ett tag i Miryam Magdalenas gamla hem i Betania, tillsammans med hennes syster Marta och hennes bror El'azar, vänner så väl som trosfränder sedan länge.

Efter detta återvände vi till vårt läger utanför Jerusalem, för att delta i Hanukkah, Ljusfesten, där jag hade några kärva sammastötningar med prästerna, efter vilket vi bestämde oss för att lämna Jerusalem för att färdas till Perea.

Dagen före den här dagen, 10 Ianuarius, nåddes vi av budskap från Miryam att hennes bror El'azar hade blivit svårt sjuk, och jag och de Tolv begav oss dit så fort vi kunde. När detta hände var vi i Bethabara i Perea, öster om Jordan, och vi anlände hit till Betania på eftermiddagen.

När vi kom in i huset, såg vi El'azar i sin säng, som de hade burit ut i det främre rummet. Många av deras vänner och grannar stod runt om i rummet i små grupper och talade tyst med varandra, många grät.

Miryam rusade fram till mig, gråtande, och sade

- "Ni har kommit för sent, Yeshua, han dog på middagen!"

Jag omfamnade Miryam, och jag sade

- "Det är aldrig för sent att vakna, Miryam."

- "Vi pratar inte om andliga saker nu, Yeshua, min bror är död!" genmälde Miryam argt, och tårarna vällde upp, "vi har redan smort honom och vi väntar på att rabbin ska komma."

- "Jag gör inte narr av dig, käraste Miryam", sade jag, och mina ögon fylldes också av tårar när jag såg min käre broder El'azar ligga där framför mig, "och jag vill att vi tar varandras händer och jag ska be för honom. Hans själ lever."

Förvånade vid mina ord, samlades alla omkring sängen. Vi var nästan trettio människor. Nära huvudet på El'azar, placerade jag mig tillsammans med de Tolv och tillsammans med El'azars systrar Miryam och Marta, och vi stod alla hand i hand. Jag sade

- "El'azar, min käre vän. För min inre syn ser jag dig frisk och levande. Jag ser dig levande med dina idéer, dina starka känslor, din passion."

Miryam verkade förstå vad det var jag höll på med, och hon fortsatte

- "El'azar, min kära bror. Jag ser dig för min inre syn. Hur du älskar att diskutera med mig och med din syster. Jag ser din kärlek och din hängivenhet."

Och Marta hängde på, och sade

- "El'azar, käraste bror. Jag ser dig för min inre syn. Jag ser din värme, din omsorg med de svaga och de lidande. Jag ser dig så full av energi, hur du vill göra så mycket."

Och var och en i ringen, en efter en, talade med värme, ur djupet av sina hjärtan, till El'azar. Var och en mindes ytterligare en fin egenskap, var och en bekräftade honom för den han var.

Till slut, när alla hade sagt något, sade jag

- "El'azar, vakna, din tid är inte inne än! Du har mycket kvar att uträtta. Res dig!"

Alla tittade på mig, med ansiktsuttryck som talade av överraskning och bestörtning, vissa såg till och med arga ut, öppnade munnen för att säga vad de tyckte. Men från El'azar hördes en djup suck, och allas ögon vändes åter mot honom.

Och El'azars ögon öppnades långsamt, och hans bröstkorg hävdes och han andades in djupt. Alla kippade efter andan, några sjönk till golvet, med ansiktet blekt av bestörtning. Det var fullkomligt tyst.

El'azar satte sig upp till hälften genom att luta sig på armbågarna, och såg sig omkring. Först såg han förvånad ut, sedan förlägen, och han sade

- "Jag måste ha svimmat. Jag hade feber och var yr, och sedan blev det med ens mörkt och jag frös som om det plötsligt blivit natt. Men varför står ni alla här? Vad är det som har hänt?"

- "El'azar, min broder", sade jag och tog honom om axlarna, "res dig upp från din säng och hjälp oss att förbereda mat och dryck, för vi är alla här för att fira att du helats, och för att fira att vi alla tillsammans har funnit våra sanna jag."

- "Du har väckt min bror från döden!" utropade Miryam och tog tag i min arm. "Du är verkligen Messias, Allahs Son!"

Vid hennes ord, började många ropa, och några föll på knä med sina pannor mot golvet. Jag höll upp en hand, och efter ett tag blev alla tysta igen och såg på mig.

- "Ja, Miryam, min syster", sade jag milt, "jag är Allahs son, men jag är inte en Messias. Jag är Väckaren. Och du är Allahs Dotter, och vi här är alla Allahs Söner och Döttrar. Tillsammans har vi sett

El'azars Sanna Jag, tillsammans har vi trott på att han är Allahs Son för evigt, och såsom vi har trott, så har vi sett."

El'azar reste sig från sin säng. Han vacklade, för han var fortfarande svag, men med stöd från sina systrar stod han snart rakt, andades djupt, och han sade

- "Jag mår bra! Jag har inte mått så här bra på länge! Ja, Yeshua, låt oss sätta mat och vin på bordet! Miryam, Marta, gå till marknaden och köp ett lamm och mer vin."

- "Låt oss alla tillsammans förbereda festen", sade jag och log mot honom, "men först, skulle jag vilja att ni alla förenar er med mig i att tacka Herren, för att Han bjudit in oss till den här festen."

Och vi bad tillsammans, och de som inte hade hört de här orden förut lyssnade på dem och mindes dem:

> "Vår Fader, du som är i himlen.
> Låt ditt namn bli helgat.
> Ditt rike är här.
> Låt din vilja ske,
> på jorden så som i himlen.
> Ge oss idag det vi sant behöver
> och förlåt oss våra missriktade tankar,
> för oss att förlåta andra för deras.
> Och hjälp oss att se frestelser,
> så att vi undviker att göra ont.
> Vårt är riket, och makten och saligheten,

i evighet.
Amen."

Kapitel 21. 12 Aprilis 787.
Den Sista Måltiden.

Vi var tillbaks i Miryams, Martas och El'azars hus, de Tolv och jag. Vi hade färdats från Judea för att bo här under påskveckan och vi hade gått in till Jerusalem varje dag.

Under vår förra vistelse här hade vi hört att Caiaphas och Sanhedrin hade anklagat mig inför Pontius Pilatus för hädelse och för att uppvigla till uppror under mina predikningar i templet. På grund av det hade vi återigen lämnat Jerusalem; den här gången satte vi upp vårt läger norröver i Efraim i Judea. Därifrån gjorde vi under två månader olika utfärder runt Perea.

Som vanligt samlade vi stora folkskaror, vi predikade och undervisade och många vaknade. I en by fann två blinda sig själva och återfick sin syn, människor som led av spetälska helade sina sinnen från sjuka föreställningar och helade sig själva också, men framför allt, många helade sina sinnen och fann frid inom sig. Som vanligt återberättade både de som helats, och vittnen till helandet, att det kommit från mina magiska krafter, men jag hade givit upp att få dem att tro på annat sätt. Men jag påminde fortfarande var och en om att det var deras förändrade övertygelser och deras tro som helat dem.

Trots enträgna varningar från mina lärjungar, hade jag beslutat att vi skulle återvända till Jerusalem till påskhögtiden, för att fortsätta våra predikningar i templet. Många av de Tolv verkade fortfarande vara övertygade om det Nya Kungarikets återkomst till jorden, och det var också tyvärr vad de lärde ut till människorna. Men jag lät dem vara, eftersom jag visste att Det Nya Inre Kungariket, Uppvaknandet, skulle slå rot om många frön såddes, och det här behövde göras i hjärtat för människornas felaktiga övertygelse om den Krävande Allah: i Templet.

Vi anlände på Palmsöndagen, och jag hade givit några av lärjungarna instruktioner om hur de skulle låna en åsna för mig att rida på, för att visa att jag inte kom som en kung, utan som en vanlig människa. Trots det välkomnade människor oss redan vid stadsporten genom att lägga palmblad på marken där vi gick, och genom att sjunga.

När mina lärjungar såg mig gråta när jag red genom porten, trodde de att jag rördes av människornas hyllningar, men jag berättade inte för dem att mina tårar kom sig av att jag mindes synen från min barndom om den fullständiga förstörelsen av Jerusalem och av templet. Jag visste nu att det här skulle ske bara några få årtionden in i framtiden.

Vi återvände till templet på måndagen, tisdagen och onsdagen, och återvände varje kväll till Betania. För varje dag som vi predikade i templet, blev sadducéerna mer och mer ifrågasättande, och de krävde mig på förklaringar av vad vi menade med vårt budskap om det Himmelska Kungariket vi sade skulle komma. Jag kände mig välsignad av att sadducéerna och fariséerna deltog med en sådan nit i Planen - deras envisa ifrågasättande och anklagande hjälpte oss att så många fler frön i människors sinnen och hjärtan.

Idag torsdag hade vi bestämt oss för att vila, och jag och de Tolv låg på mattor i det främre rummet i Martas och El'azars hus, efter middagsmåltiden.

- "Miryam, det är mycket kvar att ta hand om!" sade Marta otåligt genom dörren ut mot innergården. "Sitt inte bara där, kom och hjälp mig!"

- "Marta, kära syster", sade jag och log mot henne, "det kan säkert anstå, sitt ned här med oss. Lär dig tålamod. Miryam sitter här vid mina fötter, liksom mina andra lärjungar. Vi har mycket att tala om."

Marta fnös missnöjt och försvann från dörröppningen.

- "Men du borde inte gå in till Jerusalem idag", sade Shimon, "det är för farligt. Vi andra kan gå dit, och vi kan predika själva. Det är dig Sanhedrin ser som profeten som hotar deras makt och som hotar Rom, inte vi."

- "Mitt Uppdrag är inte slutfört, och min Väg har lagts i ordning", sade jag, "och när jag kommer till Jerusalem i kväll, kommer det att utgöra början för Det Nya Kungariket i hjärtat på dem som vill lyssna. Mitt Uppdrag är att använda mig själv som

Budskapet, och Budskapet kommer att leva vidare efter att min kropp har dött."

- "Men jag förstår inte", sade Shimon, "varför ska vi äta vårt kvällsmål inne i staden i kväll? Vad är det som ska hända i morgon så tidigt att vi inte kan utgå härifrån?"

- "Jag har bett dig att hyra det stora rummet", sade jag, "för att vi ska kunna äta tillsammans, bara ni Tolv och jag, för jag har ett viktigt budskap till er, ett budskap som ni ska sprida ut i världen under tidevarv framöver."

- "Om du ska lämna vårt hus i kväll", sade Miryam med tårar i ögonen, "låt mig få smörja dina fötter inför morgondagen."

Och hon lämnade rummet och kom tillbaks med en flaska med dyrbar olja, som doftade rikt av blomessens. När han såg det, sade Yehudah Iscariot

- "Kvinna, varför använder du den där oljan för att smörja fötter, vi kunde ha sålt den och fått många shekel till de behövande i morgon!"

- "Yehudah", sade jag, "låt henne göra det hon behöver göra, eftersom hon inte kommer kunna göra det vid min begravning. Att ge är att få. För att få allt, ge allt."

- "Men Kungariket är ju nära", invände han argt, "och du kommer inte att dö innan det kommer. Alla profetior säger det!"

- "Min käre broder Yehudah", sade jag, "när jag är död kommer människorna att upptäcka att Kungariket varit här hela tiden. Det har varit här sedan Adam och Eva flydde från Edens lustgård. De som är villiga att lyssna kommer kunna öppna sina ögon och de kommer vara frälsta. Men gå nu iväg och gör det du ska göra."

De andra antog att jag sände iväg honom för någon förberedelse inför kvällens stundande måltid, men när jag såg honom gå ut, med ett spänt uttryck i ansiktet, visste jag att hans rädsla drev honom, och jag kände mig ledsen. Jag hade hört från Nicodemus att Yehudah hade talat med några av de yngre fariséerna om att grunda en ny judisk myndighet i det kommande Nya Kungariket. Hans envisa tro på Messias förblindade honom, och jag visste att hans goda avsikter skulle komma att vändas till sin motsats och slå tillbaks mot honom.

***

Vi satt alla runt det stora bordet i rummet på andra våningen i huset som Shimon Petros hade hyrt, Shimon, Andreas, Philippos, Nethanel, de två Hakob, Ohannes, Matthias, Thaddeus, Yehudah Te'oma, Shimon Zeloten, Yehudah Iscariot, och jag själv.

Innan de trädde in i rummet, hade jag bestämt bett att få tvätta deras fötter med en hink varmt vatten och en linneduk, och de var fortfarande förlägna av att jag gjort så.

- "Jag förstår att du gjorde det här, mästare", sade Hakob den yngre, "som ett tecken på att du inte ser dig själv som annorlunda än vi. Men ändå, att tvätta andras fötter, det är ju kvinnogöra och slavgöra!"

- "Alla är vi Allahs söner och döttrar, och sannerligen säger jag er", sade jag, "att i det kommande Nya Kungariket kommer ingen vara slav för någon annan, och kvinnor kommer att ha samma rättigheter som män. Allah som ser oss som de vi är, Han värdesätter oss inte olika, han dömer ingen. För Honom är vi alla lika, Allahs Barn, skapade till Hans avbild."

- "Jag tycker det där är svårt att tro på, det går mot allt sunt förnuft. Men förklara igen, mästare", bad Thaddeus, "hur det Nya Kungariket kommer att komma. Jag kan inte förstå varför du måste dö. Inte ens Shimon Petros, Hakob den äldre och Ohannes som delade din syn på Hermonberget kan förklara det här."

- "Jag vet att ni sörjer att jag ska dö i morgon", sade jag, "och jag är själv livrädd inför den smärta jag vet att jag kommer att uppleva. Men ni borde också glädja er, som jag gör, för min död kommer inte att vara ett slut. Ur min död kommer Det Nya Kungariket att stiga upp. Men det kommer inte att vara ett jordiskt kungarike, det kommer att vara ett kungarike inom er, ett ni kommer att vakna upp till att uppleva. Efter att jag dött kommer jag att sända Den Helige Ande ned i era sinnen och i era hjärtan, och ni kommer att vakna, och ni kommer att gå ut i världen för att väcka andra."

- "Kommer ett nytt styre att råda då?" frågade Yehudah Iscariot.

- "Nej, min broder Yehudah", sade jag och suckade lite, "hur jorden styrs kommer inte att förändras, inte på mycket länge. Den kommer att styras på ett nytt sätt i en avlägsen framtid, men det nya styret kommer att vara följden av ett inre uppvaknande, där människor mer och mer kommer att kunna se varandra som Allahs Söner och Döttrar. När det här börjar ske, kommer världen mer och mer bli som en lycklig dröm, i stället för den sorgliga mardröm den är nu."

- "Du har talat mycket om att uppnå den här lyckliga drömmen", sade Mattias, "men förklara en gång till, hur kommer det sig att förlåtelse leder dit?"

- "För att", sade jag långsamt, "världen vi upplever idag, sorgens dröm om brist och om död, är något vi upplever för att vi tror att vi har syndat mot vår Fader. Utan att veta det i våra tankar, tror vi djupt nere att ondska, lidande och sjukdom är Allahs straff för våra synder och att vi är tvungna att offra vid templet för att försona oss med Honom. Men vi har misstagit oss. Vi har misstagit oss! Det finns inget straff, det har aldrig funnits, och vi har hittat på lidandet och riktat det mot oss själva. Vi har själva hittat på döden. Döden - Finns - Inte."

- "Förlåtelse", fortsatte jag, efter att jag låtit det jag sagt få sjunka ned i dem, "är inte syndernas förlåtelse. När jag säger till människorna 'Dina synder är dig förlåtna', så menar jag egentligen 'Jag förlåter dig för att du misstagit dig så, att du trott att du har syndat'. Det här är alltför svårt för många att förstå än så länge, men det är av avgörande vikt att *ni* förstår detta."

- "När jag förlåter någon helt och hållet på det här sättet", sade jag, "ser jag den personen som fullkomlig, som det syndfria Allahs barn han eller hon är, och att jag ser det gör det möjligt för dem att se det också. De som gör det helar sig själva, och det är det här ni har bevittnat. Det är det här *ni* kommer kunna hjälpa människorna med nu, och jag vill att ni går ut i världen och gör det jag har gjort, i mitt namn."

Yehudah satte händerna framför ansiktet, och hans kropp skakade. Alla tittade på honom, överraskade, men ingen sade något. Till slut tog han ner sina händer, och sade snyftande, med kinderna våta av tårar

- "Vad har jag gjort? Jag har lett mig själv vilse, och jag har lett andra vilse. Det som kommer att hända är mitt fel. Jag har till och med tagit mynt ur pengakistan jag har haft ansvaret att förvalta, för att ge till de fariséer som jag har samarbetat med. Jag trodde att de skulle hjälpa oss den dagen när Det Nya Kungariket skulle komma, och när vi här skulle styra över Israels tolv stammar, vid din sida..."

- "Ja, Yehudah", sade jag lugnt, "du har lett dig själv vilse, och jag har sett dig göra det. Och också för de här misstagna tankarna är du förlåten. Du gjorde det du trodde var rätt, men du misstog dig. Du är förlåten inte för att du ångrar dig; du är förlåten för att inget har hänt. Ingenting verkligt kan hotas. Ingenting overkligt existerar. Häri ligger Allahs frid.

- "Det är jag som förtjänar att dö för det jag gjort. Och de kommer att döda dig för inget. Du utgör inget hot, du är frälsaren." snyftade Yehudah, men jag kunde känna att han inte kunde ta emot min förlåtelse, och jag kände sorg, för jag visste att han skulle komma att straffa sig själv.

- "Men nu mina bröder", sade jag och tog ett stycke bröd ur korgen på bordet. "Låt oss dela detta bröd."

Och jag bröt brödet i bitar och jag gick runt bordet för att ge var och en av mina lärjungar en bit var, och jag sade

- "När ni möts i min åminnelse, dela ert bröd som ett tecken på hur vi som bröder och systrar delar allt med varandra av det vi behöver här på jorden."

Jag tog en vinsäck och gick runt bordet för att hälla upp vin åt var och en, och jag sade

- "När ni möts i min åminnelse, dela ert vin som ett tecken på hur vi som bröder och systrar delar allt med varandra av det som kommer från den Helige Ande i himlen."

Och vi åt tillsammans, och vi drack av vinet. Trots oron och spänningen vi hade burit på när vi kom in i staden, genom att vara så nära templet och högste prästen Caiafas palats, spred sig nu en känsla av frid. Vi åt av den rikliga maten och drack av vinet som Shimon Petros och Andreas hade ordnat, och kvällen fylldes med alltmer avspänt samtal, som om den överskuggande faran inte fanns.

Strax före midnatt, bröt jag upp från måltiden och vi vandrade tillsammans ut genom de Östra Portarna, till den fridsamma trädgården i Getsemane på Olivberget, för att be vår kvällsbön, såsom vi tidigare hade planerat att göra.

Kapitel 22. 13 Aprilis 787.
Korsfästelsen.

Vi hade kommit till trädgården i Getsemane. Jag gick ensam upp på Olivberget för att be. Den fridsamma stämningen som rått under middagen hade åter förbytts till spänning, och jag kände sorg över det som skulle komma att hända både mig och de andra. Det stora följet med människor som hade varit mina ledsagare under mer än tre år skulle nu komma att skingras, och många skulle komma att dödas i mitt namn. De Tolv skulle överleva tumultet, men många av dem skulle komma att dödas på grund av mig, fast längre in i framtiden.

Jag visste helt säkert att min Väg var utlagd, och att där fanns ingen återvändo, men även om det var så, kände jag mig plötsligt svag, och jag bad, skakande av rädsla:

- "Fader, du gav mig en gång en Bägare, med vilken jag skulle rädda världen. Om det är Din vilja, tag denna Bägare från mig. Men ske inte min vilja, utan din, Fader."

Och plötsligt stod min barndoms Ängel framför mig. Han var inte så stor som jag mindes Honom, och jag insåg att jag nu var lika lång som Han. Det vita ljuset som strålade ut ur Honom var starkt, men inte lika bländande som då. Det var mjukt och milt, och jag kände hur ljuset flöt in i mitt sinne och in i min själ, och hur det fyllde mig med frid.

Han log varmt mot mig och sade

- "Yeshua, mitt barn, du har druckit ur den här bägaren, och du har blivit en stark man, ledare för män och kvinnor. Drick nu den sista bittra droppen, och du kommer att skänka andra Livets söta vin, så att de aldrig må törsta mer."

Och Han bleknade långsamt bort, och jag stod ensam i mörkret igen.

Jag vände åter ned till trädgården, och såg i ljuset av min oljelampa att alla de Tolv lagt sig ned på marken, utmattade av sin oro och sorg. Jag satte ned lampan på marken och drog upp var och en genom att ta tag i deras händer, och jag omfamnade var och en, långa omfamningar utan ord.

Yehudah skyndade fram till mig och sade

- "Mästare. På grund av att jag har talat med prästerna, så vet de säkert att vi skulle komma hit, så vi måste ge oss iväg genast!"

- "Jag vet det, Yehudah", sade jag, "men det är för sent. De står redan vid grinden. Min Väg har lagts ut och den kommer inte att förändras."

I sin förtvivlan, klamrade Yehudah sig snyftande fast i mig, som en drunknande som försöker rädda livet på sig själv.

Vid detta hörde vi kvistar som knäcktes under tunga kängor, vi såg många lyktor, och en trupp med många soldater kom mellan träden in i gläntan där vi samlats.

Truppens anförare tittade sig omkring, fick syn på Yehudah, som han tydligen kände igen, och frågade, i det att han pekade på mig:

- "Är det där han som hävdar att han är judarnas konung, han som planerar att riva ned templet?"

Shimon Petrus ställde sig framför oss och drog det korta svärd han alltid bar mot stråtrövare.

- "Jag är den ni söker", sade jag, och sköt varsamt Shimon åt sidan. "Shimon, lägg undan ditt svärd. De som använder svärd kommer själva bli dödade med svärd."

- "Du är arresterad för att ha uppviglat till uppror", sade anföraren, "och du ska följa med oss. Resten av er är inte anklagade för något just nu, och ni kan gå er väg."

***

I fullständigt mörker, satt jag lutad mot en kall och fuktig stenvägg i en fängelsehåla utanför templets västra mur; soldaterna hade kastat ner mig i den. Jag kunde höra stönanden från andra i närheten av mig, men jag kunde inte se hur många det var. Mina armar gjorde ont, eftersom soldaterna hade bundit ihop dem bakom ryggen med ett rep omkring mina handleder.

Efter många timmar gjorde det svaga gryningsljuset som sipprade ned genom öppningen i fängelsehålans tak att det gick att se, och jag såg två andra, som också satt lutade med ryggen mot väggen. En av dem var svårt misshandlad, ansiktet var täckt av blod.

- "Du anlände hit till vårt fina härbärge i natt", sade en av männen, "vad förärar oss detta?"

- "Jag är Yeshua bar Yosef från Nazareth", sade jag, "vilka är ni, och varför har man fängslat er?"

- "Jag är Ari bar Benaiah från Amasa, och min blodige vän här är Obed bar Nadab från Etam. Vårt brott bestod i att vi stod och lyssnade på zeloterna utanför templet."

- "Vad är ni anklagade för?" frågade jag.

- "De kallade oss bara banditer. Men varje gång de fängslar en zelot, kallar de dem det. Så jag antar att de tror att vi tillhör dem. Det gör vi inte, men de vill inte lyssna på oss."

- "Nej, de ser bara det de tror på", sade jag.

- "Men, är du Yeshua Nazaréen, är du inte den de kallar judarnas konung?" frågade Ari. "Kunde inte dina följeslagare skydda dig?"

- "Om de hade försökt hade de varit med oss här", sade jag, "och de kommer att fullfölja sitt arbete utan mig nu."

Obed harklade sig och sade

- "Ska de verkligen riva ned templet? Är det vad som kommer att hända nu? Jag har hört att tusentals följer dig."

- "Templet är bara en symbol för det trons tempel människor har byggt upp i sina sinnen. Inom tre dagar kommer jag att riva ned dessa tempel och jag kommer att bygga nya."

- "Jag har hört att du hyser en dåres tankar", muttrade Obed, "och det hör jag nu att du gör. De där orden kommer inte att rädda dig från korset."

Vid detta hörde vi ljud uppifrån, och en trästege kom ned genom det runda hålet i taket. Två soldater kom nedklättrande, och de tecknade åt mig att resa mig. En av dem band ett rep runt min bringa, och en vakt i rummet ovanför hissade upp mig, under det att soldaterna sköt på underifrån.

Sedan beordrade soldaterna mig att följa dem, och vakten gick bakom mig och höll i repet för att hindra mig från att springa min väg. Bakom oss leddes Ari och Obed, de var också säkrade med rep. Vi gick genom tomma gator åt norr. Solen hade just stigit upp från bakom husen, och man kunde bara se några få människor omkring. De som såg oss tittade bara flyktigt på oss, och fortsatte sedan med det de höll på med - fångar ledda av vakter var säkert en vanlig syn i de här kvarteren.

Vi kom fram till Antonia-fortet strax norr om templet och soldaterna föste mig otåligt uppför trapporna - av deras kommentarer förstod jag att de var angelägna om att hinna tillbaks till sitt morgonmål som blivit försenat av uppdraget att föra mig hit.

Jag leddes in till ett stort rum, där jag kände igen prefekten Pontius Pilatus. Han satt vid ett stort skrivbord och läste i några pergamentrullar, och han såg inte upp när jag kom in tillsammans med soldaterna.

- "Det här är han, ers höghet", sade en av soldaterna och ställde sig i givakt framför skrivbordet, "mannen från Nazareth, upprorsmakaren i templet."

Pilatus vände upp huvudet och tittade på mig, och frågade

- "Vilken då av upprorsmakarna? Den som Caiafas sade att han hotat riva ned templet? Är du den de kallar judarnas konung, den som ska kasta ut romarna?"

- "Mitt kungarike är av ett annat slag, och det är öppet för alla", sade jag.

- "Om ni judar bara kunde följa era lagar och traditioner, så skulle jag inte behöva ägna så mycket tid med alla dessa vildhjärnor", muttrade Pilatus, krafsade ned sin namnteckning på ett papyrusblad, och gav det åt soldaten som stod vid skrivbordet. "Ta hand om den här och de två andra med en gång."

Och med detta, vände han sig åter mot sitt arbete på skrivbordet.

Soldaterna ledde ut mig igen, nu till fortets innergård.

***

Ari och Obed hade också förts till innergården. De tidigare soldaterna hade ersatts av nya, och dessa tog av oss våra kläder och lämnade kvar bara våra livstycken. De lade upp tunga träplankor över våra axlar och band fast dem i våra handleder. Det började bli hett, och vi svettades alla tre.

En av soldaterna skämtade om "judarnas konung" och gjorde en krona av tistlar, som han tryckte ned runt huvudet på mig. Törnena rispade upp min panna, och jag var tvungen att blinka hela tiden för att kunna se genom rännilarna av blod som rann nedför ansiktet.

De knuffade oss framför sig ut genom fortets port. Gatan utanför var full av åskådare, som kommit för att åse dagens skådespel. Jag hade börjat bli yr av törst och jag snubblade och föll. Två av soldaterna tog tag i plankan och drog bryskt upp mig, och en tryckte sin spjutspets mot min rygg för att få mig att fortsätta mot västra porten. En annan gav mig ett hårt piskrapp över ryggen.

När vi kommit ut genom stadsporten kunde vi se avrättningskullen Golgotha. Korsen från de gångna dagarnas avrättningar bar fortfarande kroppar, där hundar under natten hade gnagt av köttet från ben och fötter, och där kråkor och smutsgamar fortfarande då och då hackade i ansiktena.

När vi nådde kullens topp, tvingade soldaterna ned oss på marken, och de drev spikar genom våra handleder med släggor. Jag svimmade av smärtan, men vaknade igen när de hissade upp oss på tre trästolpar, som jag såg hade gjorts iordning åt oss, eftersom en av dem hade en träskylt som sade "Judarnas Konung". Jag kunde inte se texten, men jag hörde en av soldater ropa ut påskriften spefullt, i det att han pekade på skylten.

Sedan tryckte soldaterna mina ben mot pålen, ett ben på varje sida, och de slog stora järnspikar genom mina hälar. Den här gången svimmade jag inte, men att hänga i armarna gjorde det omöjligt att andas, och genom att nu kunna stå kunde jag andas igen.

När soldaterna var färdiga, satte de sig ned på marken omkring oss, för att vakta så att ingen skulle försöka ta ned något av offren. De flesta av åskådarna hade nu gått sin väg, men utanför kretsen av soldater fanns några kvar, och jag kunde höra kvinnor gråta.

Obed, som hängde till vänster om mig, skriade

- "Om du är Allahs son, varför räddar du oss inte?"

Men Ari, till höger om mig, sade med låg röst

- "Yeshua, när du kommer till ditt kungarike, tänk på mig."

- "Ari och Obed, mina bröder", sade jag hest, "förlåt de här soldaterna, så kommer ni att vara i mitt kungarike före mig. Förlåt dem, för de vet inte vad de gör. Ni kommer inte att dö, det kommer bara era kroppar att göra."

Jag kunde se att Obed, svag på grund av misshandeln dagen före, inte längre kunde stå, och han sjönk ned mer och mer. Tyngden av hans kropp drog ut hans armar och gjorde det snart omöjligt för honom att andas, och hans huvud sjönk ned när han svimmade. Jag kunde höra hur han drog efter andan några gånger till, med flera minuter mellan de sista andetagen, och sedan dog han.

Ari och jag blev också svagare och svagare, och vi orkade inte tala mer eftersom vi behövde använda all kraft åt att fortsätta att stå på spikarna genom hälarna. Vi stod så i många timmar. Jag tappade uppfattningen om tid, men solen hade passerat middagshöjd och dess hetta kändes som eld.

Svetten hade nu sköljt bort blodet från mina ögon, och jag kunde tydligare se människorna bortom soldaterna, och jag kände plötsligt igen Miryam från

Magdala och några andra av kvinnorna från vårt följe. De stod och höll om varandra, och grät bittert.

Smärtan i mina armar och ben var nästan outhärdlig, och jag ropade till henne. Hon kom så nära hon kunde innan en av soldaterna ställde sig upp och stoppade henne med sitt spjut.

- "Mäster Yeshua!" ropade hon, och vred sina händer

- "Miryam", sade jag, men sedan svek rösten mig, eftersom min strupe var helt torr.

Soldaten som höll spjutet gick tillbaks till sin grupp, tog ett tygstycke och blötte det från en lädersäck. Han kom fram till mig, och sträckte sig upp på tårna och tryckte in tygstycket i min mun. Jag pressade ihop mina käkar, och kunde pressa en liten klunk surt vin ur tygstycket. Soldaten tog bort tygstycket igen, och gick tillbaks för att hindra Miryam från att komma närmare.

- "Miryam … min syster …", sade jag med det sista av mina snabbt minskande krafter,

"Det … Är … *Inte* … Fullbordat. … Tro … Och … Du … Kommer … Att … Se."

Och jag förlorade all styrka i benen, som börjat skaka allt mer av ansträngningen att försöka stå, och jag sjönk ned. Jag kände en fruktansvärd smärta i bröstkorgen när tyngden från min kropp drog ut armarna så att jag inte kunde andas längre, och det blev svart.

Kapitel 23. 16 Aprilis 787.
Uppståndelsen.

Jag hade varit utanför tiden, och jag visste att min gamle vän Yosef från Arimathea, rådsmedlem i Sanhedrin, hade övertalat Pilatus att låta dem begrava mig, i stället för att bara låta min kropp hänga kvar på korset, som de brukade göra.

Jag stod inne i graven som Yosef hade ordnat. Det var mörkt i gravkammaren eftersom dörrstenen hade rullats för öppningen, men jag bestämde ljus, och jag kunde se min kropp som låg på gravhyllan, inlindad i linnetyg; en doft av myrra och aloe spreds från den.

Jag lät min kropp, mitt verktyg för att vara på jorden för att fullfölja Allahs Uppdrag, att sluta finnas till, och tyget sjönk ihop och låg nu platt på stenhyllan.

Jag visste att nu när sabbaten var över, skulle Miryam och de andra kvinnorna komma hit för att tvätta kroppen ren från blod, och jag väntade utanför. Där fanns två soldater på vakt - Pontius, även om han mot gällande regler låtit Yosef ta ned kroppen från korset, hade varit rädd att mina följeslagare skulle försöka att stjäla kroppen.

Miryam och tre andra kvinnor från vårt följe anlände, och de fick soldaterna att öppna graven. Stenen var tung, så bägge soldaterna blev tvungna att hjälpas åt med att skjuta med all sin kraft för att rulla den åt sidan. Miryam gick in i graven, men kom ut med en gång:

- "Han är borta!" skrek hon. "Bara svepningen är kvar! Fort, få hit Shimon Petrus och de andra! Jag väntar här så att ingen rör något."

De andra kvinnorna lydde henne inte först, eftersom de först ville se efter själva, men snart hade de sprungit iväg. Soldaterna, förvirrade, gick också in, med Miryam efter sig. De kom alla ut igen, och soldaterna rusade också iväg.

Jag visade mig för Miryam, och när hon såg mig utropade hon argt

- "Grav-vakt! Var har ni lagt honom? Visa mig genast, så att vi kan ta hand om honom!"

- "Miryam, min syster", sade jag. "Tro och du kommer att se."

Miryam stirrade på mig, och såg fullständigt förvirrad ut, sedan började hon se skräckslagen ut.

- "Det är jag", sade jag, "var inte rädd. Minns att jag sade till dig: det är *inte* fullbordat."

Hon sjönk ned på knäna, darrande, och sade

- "Mäster Yeshua. Jag vet. Men hur ..."

- "Du behöver inte förstå", sade jag milt, och satte mig ned på gräset bredvid henne, "du behöver bara veta att jag är här."

Jag tog tag i hennes händer. Hon fortsatte att darra, som om hon haft hög feber, men efter en stund hade hon lugnat sig, och sjönk ned från att stå på knäna till att sitta på gräset liksom jag, och vi satt och såg på varandra. Till slut spreds ett lyckligt leende över hennes ansikte, och hon sade

- "Jag förstår inte. Mitt huvud kan inte ta in det här. Men i mitt hjärta vet jag att du verkligen är tillbaks. Mina händer känner din värme. Är du verklig? Eller är du ett spöke, ser jag i syne i min förvirring?"

- "Om du med verklig menar att det här är min jordiska kropp", sade jag, "så nej, det är det inte. Men jag är mer verklig än jag någonsin varit. Jag är inte ett spöke, det här är inte en syn. Jag är jag."

Jag tog henne i mina armar och omfamnade henne. Hon började gråta, som en som just vaknat ur en mardröm och både fortfarande är i chock efter drömmens fasor och som gråter av lättnad över att det bara var en dröm. Efter en lång stund stillnade hennes gråt, och hon suckade och frågade

- "Vad kommer att hända nu?"

- "Jag vill att du stannar här, och jag kommer att lämna dig nu. Men när Petros, Ohannes och de andra kommer, berätta vad som har hänt här, och säg dem att jag kommer att komma till dem tre dagar från idag, i rummet där vi hade vår sista måltid."

Kapitel 24. 19 Aprilis 787.
Den Nya Början.

Jag var i rummet på andra våningen i huset strax söder om Caiafas palats, precis innanför dörren, som jag visste låsts ordentligt inifrån. Alla av de Tolv var där, utom Yehudah Iscariot, som i sin förtvivlan och sin oförmåga att ta emot min förlåtelse hade tagit sitt liv.

De satt runt det stora bordet, och de hade just ätit.

Yehudah Te'oma, som satt med ryggen mot dörren, sade

- "Kvinnors berättelser! Domstolen godkänner inte vittnesmål från en kvinna eller från en slav, och vi vet alla att de inte har samma sinnesstyrka som vi män. Varför skulle vi då tro annorlunda?"

- "För att, broder Yehudah", sade jag, "den enda skillnaden mellan en kvinnas sinne och vårt är deras större förmåga att observera saker med skarpsynhet."

Yehudah, och de andra som satt på samma sida av bordet vände sig häftigt runt. Alla stirrade, med munnarna på vid gavel, förstenade.

- "Miryam trodde först att jag var ett spöke, men jag litar på att hon berättade för er att hon fann mig vara verklig", sade jag och log, och gick fram till dem.

Jag tog Yehudah om axlarna, reste honom upp, och omfamnade honom innerligt. Han var först stel som en fågelskrämma, men sedan slappnade han av, och tårar rann nedför hans kinder och blötte ned skägget, och han sade

- "Yeshua, min käraste broder. Det mina ögon inte kan tro, det tror min kropp och min näsa på. Det *är* din välbekanta omfamning, det *är* din doft. Det *är* verkligen du."

Han tog ett steg bakåt, och log, men sedan såg han förvirrad ut igen och sade

- "Men var är dina sår? Miryam och de andra kvinnorna berättade om tistelkronan som skurit upp din panna och om järnspikarna genom handlederna!"

- "Yehudah, som jag sagt dig förut", log jag", jag älskar ditt skarpsinne. Du har rätt, det här är jag, men jag har låtit min gamla kropp sluta att finnas. Den var min trogne tjänare och mitt verktyg för att vistas på jorden, för att fullfölja mitt Uppdrag, och den har tjänat sitt syfte. Jag visar mig för er i en jordisk kropp likadan som den ni minns, för att jag ska kunna vara med er en sista gång idag, på det här sättet. Men jag försäkrar er, spöken är vanföreställningar från ett vilselett sinne, och jag är ingen vanföreställning. Jag är verkligen här med er. Jag kommer fortsätta att vara med er från idag, men från och med dagarna som följer, kommer jag inte att visa mig på det här sättet. Jag kommer att tala direkt till era själar och era sinnen, som den Helige Ande.

Ibland kommer ni att höra min röst, ibland kommer ni bara att tänka mina tankar."

Och jag gick fram till var och en av dem, och vi omfamnade varandra, och jag sade:

- "Andreas bar Jonas. Du var min första lärjunge, och du förde de andra till mig. Jag älskar din optimism och din ödmjukhet. Du ska färdas norrut för att predika mitt ord, för att hela med dina händer, och för att väcka människor, i mitt namn."

- "Shimon Petrus bar Jonas. Du var min andra lärjunge, och du har varit den fasta stengrunden för den här gruppen. Med din hängivenhet får du människor att tro. Du ska resa till Rom, för att bygga min kyrka där."

- "Philippos från Beth-Saida. Du var den tredje som följde mig. Du har ett varmt hjärta men ett pessimistiskt huvud. Vilket är bra, eftersom du kommer att behöva vara uppmärksam när du färdas till Grekland och till Skytia i nordost, dit jag sänder dig för att sprida budskapet om mig på din faders tungomål, och för att hela människor."

- "Nethanel bar Talmai. Du som undrade om något gott kunde komma från Nazareth. Vad tycker du nu? Du ska fullfölja ditt uppdrag i Arsidiska Armenien i öster, för att lära dem att döden inte finns."

- "Hakob bar Zebed. Din mor försökte att övertala mig om att ge er höga befattningar i mitt kungarike. Dig vill jag be att du stannar här i Jerusalem, för att fortsätta att sprida budskapet här. Detta är din höga befattning, och du kommer att väcka många."

- "Ohannes bar Zebed. Ditt uppdrag är att sprida mitt ord i nordväst. De är ibland långsamma att lära, och en åskans son är väl lämpad för att väcka dem."

- "Matthias bar Alphaeus. Du ska med ditt skarpsinne och ditt varma hjärta undervisa Normanderna i Dacia, uppe i nordväst. Utför mirakler i mitt namn!"

- "Hakob bar Alphaeus, Hakob den Rättrådige. Du behövs också här i Jerusalem, för att predika för judarna och för att väcka dem, och för att hjälpa min bror Hakob. När du är färdig här, vill jag att du reser till Hispanien, för att omvända dem till troende."

- "Thaddeus bar Alphaeus. Du som har förenat glöd och mildhet i ditt hjärta. Jag vill att du färdas till Babylon, där kommer du att möta många som talar vårt språk."

- "Yehudah Te'oma. Med din essénska skepsis och din visdom ska du föra mitt ord långt bort i öster till det Satavahanska riket. På din väg dit kan det nog bli så att du möter många som minns mig från tretton år sedan. Du kommer att kunna hitta de instruktioner du behöver för din resa i Qumran."

- "Shimon Kanaaniten. Jag sänder dig till Egypten, och när du har väckt människorna där, ska du fortsätta västerut, till provinserna Briton och Saxen."

Efter det här satte vi oss alla ned, och under många timmar svarade jag på alla frågor de hade, och vi talade om vad som hade hänt efter det att de sett mig ledas iväg av soldaterna fram till idag, och om de uppdrag jag hade instruerat dem att ta på sig.

Jag såg att Yehudah fortfarande tittade klentroget på mig, så jag frågade honom

- "Jag är hungrig. Har ni någon mat kvar?"

Han såg förvånad ut, men sedan såg han förlägen ut och han log när han såg mig äta bröd och fisk som han gav mig, och han log ännu bredare när han såg mig skölja ned det med vin.

Ohannes sade

- "Vi är nu elva budbärare. Kommer det finnas fler apostlar?"

Jag sade

- "Den som sprider mitt budskap, som jag har lärt det, är min apostel. Ganska snart kommer jag att kalla några stycken fler själv, och de kommer att utföra stordåd. Men under tidseror framöver, kommer många att bli kallade på många olika sätt, inte så många kommer att vilja lyssna, men några kommer att göra det. Mitt budskap kommer att komma på olika språk, i många helt olika slags former.

Men ni som varit med mig under dessa tre åren, ni har lyssnat. Jag har kallat er att följa mig, och ni lämnade allt bakom er och ni följde mig. Jag vet att ni kommer att fortsätta att sprida Sanningen, och sprida budskapet om det jag bortom allt tvivel har bevisat - att döden inte finns. Den Glada Sanningen att det finns inget helvete, det finns ingen synd. Det här är sådant som vi har uppfunnit för att hålla oss själva fängslade.

När vi förlåter varandra, och när vi förlåter oss själva för våra missriktade tankar, då kan vi vakna upp till Den Lyckliga Drömmen, som är Allahs Kungarike på jorden. Och när vi alla har vaknat, kommer vi alla att komma hem till himlen, då kommer vi alla att återvända till att bli Ett med vår Fader, som aldrig har lämnat oss."

- "Men, mäster Yeshua", sade Yehudah Te'oma, "vi elva tolkar redan nu det du har sagt på olika sätt, för att inte tala om de hundratals andra av de som följer dig i vår större grupp. Hur ska vi kunna hålla oss till det du verkligen menar?"

- "Det här är en mycket viktig invändning, tack för att du tar upp det Yehudah", sade jag. "Det kommer att finnas många läror i mitt namn, läror som kommer att sprida ett budskap som skiljer sig från mitt. Det kommer till och med att finnas skrifter om mig som kommer att kallas heliga, och som kommer att sprida budskap som helt motsäger det jag säger. Era bittraste fiender kommer inte att vara hedningarna, det kommer att vara de som hävdar att *deras* version av mitt budskap är Sanningen."

- "Så hur ska vi, och hur ska de som följer oss kunna veta vad som är vad?" frågade Ohannes.

- "Det finns ett sätt, ett sätt som alltid kommer att fungera", sade jag. "Ni minns att jag lärt er att det finns ingen synd, ren ondska existerar inte. Det finns bara två saker som styr människors handlande. En är rädsla, den andra är kärlek. Rädda människor kan agera destruktivt, på sätt som kan skada andra men som framför allt som skadar dem själva, genom att de blir mer och mer fjättrade av sina egna felaktiga övertygelser.

Från det som trädet ger, kommer ni att veta om trädet är friskt: om frukten är god, ger er näring och frid, så är det Sanningens Träd. Om frukten smakar bittert och gör er oroliga och rädda, då har den växt på ett sjukt träd.

Vilket problem ni än möter, vad det än är för smärta människor lider av, vad människor än gör mot er, så finns det bara *ett* svar som fungerar i det långa loppet, och det är ovillkorlig Kärlek."

- "Så, för att svara på din fråga, Ohannes", fortsatte jag. "Om ett budskap väcker kärlek och till att människor förlåter varandra, då är det budskapet förmodligen sant. Om ett budskap leder till rädsla, och leder till bestraffning, fördömande och krav på soning och offer, då är det budskapet helt säkert falskt."

Shimon Petrus suckade, och sade

- "Mästare. Det du lär ut låter så enkelt, men det kommer att bli det svåraste mänskligheten någonsin försökt att lära sig. Det gamla sättet att tänka har funnits så länge. Men om det du ber oss att göra fungerar, om att så dessa frön för nya fruktträd leder till att frön slår rot och att nya träd växer, då är det här verkligen en ny början."

- "Ja, Shimon, min Klippa", sade jag, "detta *är* Den Nya Början."